Eine Portion Liebe

Kulinarische und literarische Verführungen

Vorwort   11

Verführerisches Wissen   13

Aphrodisische Lebensmittel von A bis Z 28

Kulinarische und literarische Verführungen   63

Champagnergelee mit Erdbeeren 67
Basilikum-Cocktail mit zweierlei Crostini 68
Aperitif mit Granatapfel und Garnelen 73
Mango-Kardamom-Bellini mit Speckpflaumen 75
Gegrillte Zucchini mit Feta und Granatapfel-Vinaigrette 79
Kartoffelnest mit Wachtelei 80
Selleriesalat mit Ananas und Honig-Senf-Sauce 85
Feigen auf Auberginen-Limetten-Püree 86
Gratinierter Spargel mit Ziegenkäse 91
Kürbis-Crème-brûlée mit knusprigen Jakobsmuscheln 93

Grüne Petersilienwurzelsuppe mit Mandelblättchen 97
Scharfe Tomatensuppe mit Melone und Papaya 98
Champagnersuppe mit Safran 102
Kokos-Ingwer-Suppe mit Jakobsmuscheln 105

Chilihuhn auf gedünstetem Fenchel 108
Avocadorisotto mit gegrillten Riesengarnelen 110
Miesmuscheln im Chorizo-Sud 114
Rinderrouladen mit Chili, Basilikum und Mangopolenta 117

Gebratener Lachs mit Safran-Mandel-Reis **120**

Linguine mit Artischocken und Räucherlachsstreifen **123**

Gebratene Kalmartuben mit Avocado-Mango-Tatar **127**

Pasta mit Wodka und Kaviar **129**

Ananas-Kokos-Crumble **132**

Kalter Gewürz-Milchreis **135**

Schokotartelettes mit kandiertem Ingwer **138**

Granatapfel-Tiramisu **140**

Brownieküchlein mit Vanillecreme und karamellisierten Nüssen .. **145**

Mandelpudding mit Amarettosauce **147**

Karotten-Zimt-Naked-Cake mit Frischkäsecreme **150**

Mohnpudding mit Zwetschgenkompott **153**

Zu guter Letzt   **155**

Menü „Zum Jahrestag"   **157**

Menü „Einfach zu zweit"   **159**

Menü „Zum Valentinstag"   **161**

Verzeichnis **162**

Warenkunde + Küchenpraxis **166**

Literaturverzeichnis **170**

Team **172**

Danke **174**

Impressum **176**

Aphrodisische Lebensmittel

Ananas *(Ananas comosus)* … 28
Anis *(Pimpinella anisum)* … 28
Artischocke *(Cynara cardunculus)* … 31
Auster *(Ostreidae)* … 31
Avocado *(Persea americana)* … 32
Basilikum *(Ocimum basilicum)* … 32
Champagner … 32
Chili *(Capsicum frutescens)* … 35
Erdbeere *(Fragaria sp.)* … 35
Feige *(Ficus carica)* … 35
Fenchel *(Foeniculum vulgare)* … 36
Fisch … 36
Geflügel … 39
Granatapfel *(Punica granatum)* … 39
Honig … 39
Ingwer *(Zingiber officinale)* … 40
Kaffee *(Coffea arabica)* … 40
Kardamom *(Elettaria cardamomum)* … 43
Karotte *(Daucus carota)* … 43
Kartoffel *(Solanum tuberosum)* … 44
Kaviar … 44
Knoblauch *(Allium sativum)* … 44
Koriander *(Coriandrum sativum)* … 46
Kurkuma *(Curcuma longa)* … 47
Kürbis *(Curcubita sp.)* … 47
Mango *(Mangifera indica)* … 47

Meerrettich *(Armoracia rusticana)* 48

Melone *(Cucumis sp.)* 48

Minze *(Mentha sp.)* 48

Mohn *(Papaver sp.)* 51

Muscheln 51

Muskatnuss *(Myristica fragrans)* 52

Petersilie *(Petroselinum crispum)* 52

Pfeffer *(Piper nigrum)* 53

Reis 53

Rosmarin *(Rosmarinus officinalis)* 55

Safran *(Crocus sativus)* 55

Sellerie *(Apium graveolens)* 55

Spargel *(Asparagus officinalis)* 56

Schokolade/Kakao 56

Tomate *(Solanum lycopersicum)* 58

Trüffel *(Tuber melanosporum)* 58

Vanille *(Vanilla sp.)* 59

Wein 59

Weizen 60

Zimt *(Cinnamomum verum)* 60

Zwiebel *(Allium cepa)* 61

Vorwort

„Liebe geht durch den Magen!", ein Spruch, der uns scheinbar all zu leicht über die Lippen geht – sprechen wir ihn aber auch von Herzen aus? Wir sollten! Dieses Kochbuch zeigt Ihnen, wie eng Essen und Erotik beieinanderliegen und wie wichtig es für Liebende ist, gemeinsam zu essen und zu kochen.

Nehmen Sie sich mit „Eine Portion Liebe" wieder bewusst Zeit füreinander, tauchen Sie ein in die Kunst der kulinarischen Verführung, erfahren Sie Spannendes und Wissenswertes aus der Welt der aphrodisischen Lebensmittel und seien Sie überrascht, welche jahrtausendealten Weisheiten aus Speisenden Liebende machen.

Neben 30 Rezepten habe ich für Sie ebenso reizvolle wie verführerische Textstellen aus der Literatur ausgewählt, sie machen dieses Kochbuch zu einem Lesebuch der ganz besonderen Art.

Jasmin Parapatits

Weil Liebe durch den Magen geht: eine Portion Essen und Erotik

Essen und Erotik sind in unserer Kulturgeschichte untrennbar miteinander verbunden. Seit Urzeiten glauben Menschen an die unmittelbare Kraft des „Einverleibten" und versuchen, Körper, Geist und Psyche mit und über Essen zu beeinflussen. Das gilt besonders im Hinblick auf Sexualität, Fruchtbarkeit und Erotik. So wurde schon in der Antike mit kulinarischen Metaphern gearbeitet, wie etwa dem Granatapfel als Zeichen von weiblicher Fruchtbarkeit oder der Muschel als Versinnbildlichung der weiblichen Vulva. Die ergiebigste Quelle für solche Nahrungsmetaphern ist nach wie vor die Bibel, genauer das Hohelied Salomos. Darin umschreiben die Liebenden gegenseitig ihre begehrten Körper und das, was sie miteinander tun, mit kulinarischen Sprachbildern. Gleichzeitig zählten aber genau diese beiden Freuden in der katholischen Kirche ab dem 6. Jahrhundert zu den sieben Todsünden, hier werden sie Wollust und Völlerei genannt.

Da Nahrungsaufnahme und sexuelles Verlangen zu den Grundinstinkten des Menschen gehören, musste die Kirche jedoch im Laufe der Zeit in ihrem fortwährenden Kampf gegen den Aufruhr biologischer Impulse nachgeben und einsehen, dass sowohl Essen

Beim Hohelied Salomos handelt es sich um eine Sammlung von zärtlichen, teilweise explizit erotischen Liebesliedern, in denen das Suchen und Finden, das Sehnen und gegenseitige Lobpreisen zweier Liebender geschildert wird.

> Todsünden auch Hauptsünden genannt, sind Stolz, Habsucht, Neid, Zorn, Unkeuschheit, Unmäßigkeit, Trägheit oder Überdruss. Sie sind Grundgefährdungen des Menschen und werden als Hauptsünden bezeichnet, weil sie oft Wurzel weiterer Sünden sind.

als auch sexuelle Handlungen Grundbedürfnisse der menschlichen Spezies sind. Völlerei und Wollust konnte die Kirche nicht auf dieselbe Art bekämpfen wie etwa Neid, Gier oder Hass, denn anders als die anderen Todsünden sind Völlerei und Wollust grundsätzlich mit Handlungen verbunden, die für das Überleben des Individuums und der Spezies notwendig sind. Früher sprach man erst dann von Sünde, wenn sich jemand dazu hinreißen ließ, bei der Befriedigung der körperlichen Bedürfnisse Genuss zu empfinden: Man durfte also essen und Geschlechtsverkehr haben, solange man daran keinen Gefallen fand. So wie auch der Ausspruch der Kirchenväter („Gehet hin und vermehret euch!") allein der Fruchtbarkeit galt, so sollte es in ihren Augen ebenfalls möglich sein, nur zu essen, um satt zu werden, ohne jeden Anspruch oder jedes Gefühl von Genuss. Diese Sichtweise hat sich heute selbstverständlich geändert. Sowohl Sex (Wollust) als auch der überdurchschnittliche Verzehr von Lebensmitteln (Völlerei) sind Bestandteile unserer Gesellschaft. Eine Verabredung in einem edlen Restaurant ist nicht selten das Vorspiel zu einem später folgenden Liebesakt.

Doch nun zurück zu den Metaphern und den überaus beliebten Kosenamen, die sich Liebende gerne geben. Die stammen nämlich nicht selten aus dem Essbereich. Man denke nur an „mein süßes Sahnebaiser" oder „Honigmäulchen". In Russland ist offenbar der liebevollste Kosename „Fischchen", und wenn Ihr französischer Liebhaber Sie als „mon petit chou" anspricht, nennt er Sie eigentlich „mein kleiner Kohl". Müssen Sie auch gerade an das eine oder andere (seltsame) Kosewort denken, das Ihnen im Laufe Ihres Beziehungslebens schon über die Lippen kam? Keine Angst, Geschmäcker sind verschieden! Fest steht, dass Essen und Erotik überall nahe beieinanderliegen.

Ein Kuss ist ein Kuss ist ein Kuss – und kein rudimentärer Fütterungsakt! Das haben ForscherInnen kürzlich festgestellt. Dennoch sind für den Säugling beim Stillen neben der Linderung des Hungers vor allem die soziale Nähe und die Stimulierung des „Lustzentrums" Mund wichtig. Unser Mundraum wird also beim Essen und beim Küssen angeregt. Auch wenn sich die Arten der Stimulierung voneinander unterscheiden mögen, so sind die hormonellen Botschaften, die uns mit der Nahrungsaufnahme zugesandt werden, dazu in der Lage, die Folgen unseres Alltagsstresses zu reduzieren, indem sie beispielsweise unseren Adrenalinspiegel senken. Mit der Sättigung geht ein angenehmes Gefühl einher, das Entspannung auslöst und durch eine den Sinnen schmeichelnde Qualität der Nahrung gesteigert werden kann. Dieses Gefühl hat Oscar Wilde zu der schönen Aussage verleitet: „Nach einem guten Essen kann man jedem verzeihen, auch der eigenen Verwandtschaft."

Ein sehr gutes und sehr reichhaltiges Essen kann jedoch ebenso alle Energien für die Verdauung abziehen (auch diejenigen für nachsichtige Gefühle gegenüber der Verwandschaft). Die angenehme Empfindung der Sättigung mag bleiben, die Erotik ist allerdings nach einem allzu reichhaltigen Essen nicht zum Zuge gekommen – eine Wirkung, die schon von unseren Großmüttern weise zur großväterlichen Zügelung eingesetzt wurde: Weil mit wachsendem Übergewicht auch das sexuelle Interesse sowie das sexuelle Vermögen zurückgehen, war ein gut gefütterter Gatte zwar ein wenig langweilig, dafür aber meist ein treuer und friedlicher Ehemann. Da wir aber hier nicht von diesem Fall ausgehen wollen, sondern sehr wohl noch auf die „körperliche" Nachspeise setzen möchten, ist es wichtig, dass das gemeinsame Liebesdinner ausgewogen und nicht ganz so reichhaltig ausfällt.

Oscar Wilde * 16. Oktober 1854 in Dublin; † 30. November 1900 in Paris, war ein irischer Schriftsteller. Als Lyriker, Romanautor, Dramatiker und Kritiker wurde er zu einem der bekanntesten und – im Viktorianischen Großbritannien – auch umstrittensten Schriftsteller seiner Zeit.

Was aber passiert denn genau beim „Diner à deux"? Lassen Sie es uns ein gegenseitiges Überprüfen und Beobachten unseres Gegenübers nennen, das uns zeigt, wie das Verhältnis zu Leib und Lust beschaffen ist. Erotische Gedanken und sexuelle Vorstellungen können mit Essbarem umschrieben werden, andererseits wird Essbares auch sexuell interpretiert: jemanden „vernaschen", „zum Fressen gern haben", „anknabbern", weil er oder sie „süß", „knackig" oder „saftig" ist, dies sind gängige Redewendungen – für erotische Prozesse oder sexuelle Interessen. Sicherlich kennen Sie diese Adjektive auch aus der eigenen Erfahrung. Sprachforscher haben übrigens herausgefunden, dass bei einigen Völkern dieser Welt – beispielsweise bei den Burmesen – das Verb für „essen" gleichzeitig ein Synonym für „miteinander schlafen" ist. Auch der studierte Philosoph und Rechtsgelehrte Jean-Anthelme Brillat-Savarin spricht in seinem Buch „Physiologie des Geschmacks" darüber, dass Essen und Trinken Mann und Frau nicht nur miteinander verbindet, sondern unser ganzes Leben beherrscht: „Die Gastronomie beherrscht das ganze Leben, denn die Tränen des Neugeborenen verlangen die Brust seiner Amme und der Sterbende schlürft noch hoffnungsvoll den letzten Trank, den er, ach! nicht mehr verdauen soll."

Jean-Anthelme Brillat-Savarin * 1. April 1755 in Belley, Département Ain; † 2. Februar 1826 in Paris war ein französischer Schriftsteller und einer der bedeutendsten Gastrosophen. Mit seinem Buch begründete er eine neue Form des Schreibens über Essen und trug in Europa wesentlich zur Weiterentwicklung der Kochkunst bei.

Wie so oft macht Sprache deutlich, wie eng die Handlungen und Gefühle, die uns Menschen von Anbeginn her begleiten – nämlich Essen, Begehren und Zuneigung –, im Denken und auch im Leben miteinander verflochten sind.

Von der ganz besonderen Kraft einzelner Speisen und Getränke erzählen viele Mythen oder Sagen. Der Apfel ist ein altes Symbol – er war die Frucht der Liebesgöttin Aphrodite. Auch der „Apfel der Erkenntnis" der Paradiesgeschichte symbolisiert Sexualität.

Nicht nur, weil er zur Verführung Adams genutzt wurde, sondern auch, weil sein Name es verrät: Der Begriff „erkennen" wird in der Bibel benutzt, um die geschlechtliche Vereinigung zu kennzeichnen. Schon die Paradiesgeschichte beinhaltet gleichzeitig eine Geschichte der Geschlechter.

Austern, Champagner, Kuchen sind nicht selten die Insignien des „Diner à deux". Die Bereitschaft zum Liebesakt wurde durch das Liebesmahl vorbereitet, wie es auch viele Gemälde in der Kunst darstellen. Schon der berühmte Verführer Casanova nutzte die vielfältige Symbolik und Wirkung des Essens. Wenn Sie es ihm gleich tun wollen, lesen Sie Ihrem Partner/Ihrer Partnerin einige Stellen aus seinen Annalen vor. Sie beide werden nicht schlecht staunen. Für Casanova war ein gutes Mahl ein unverzichtbares Vorspiel und Teil des gemeinsamen sinnlichen Erlebens. Der Alltag kennt aber leider auch die Realität des „Diner à deux", nämlich keine Zeit für ein gemeinsames Essen im Kerzenschein. Viel zu oft muss es in der Küche schnell gehen und nicht selten landet man gemeinsam mit einem Teller vor dem Fernseher – nicht sehr romantisch. Wo doch eigentlich Essen als Bindeglied und „Vorspiel" in vielfachen Varianten vor allem am Beginn einer Beziehung steht.

Giacomo Casanova *2. April 1725 in Venedig; † 4. Juni 1798 auf Schloss Dux, war ein venezianischer Schriftsteller des 18. Jahrhunderts, bekannt durch die Schilderungen seiner zahlreichen Liebschaften.

Um Ihren Liebsten oder Ihre Liebste nun mit den richtigen Lebensmitteln zu verführen und ihr oder ihm auch noch jeweils eine kleine Geschichte zu den aphrodisischen Speisen erzählen zu können, folgt nun ein kurzer historischer Abriss über Aphrodisiaka und eine kleine, feine Auswahl von Lebensmitteln, die Sie als Liebesmittel einsetzen können.

Was würde Aphrodite servieren?

Aphrodisierende Lebensmittel sind eine wundervolle und natürliche Möglichkeit, mehr Genuss bei der körperlichen Liebe zu erleben. Die bekannte Redewendung „Liebe geht durch den Magen" hat durchaus ihre Berechtigung, nicht nur in dem augenzwinkernden landläufigen Sinn, dass, wer gut kocht, auch (hoffentlich nicht nur dafür) geliebt wird, sondern tatsächlich in ihrer rein wörtlichen Bedeutung ... Das glauben Sie nicht? Oh doch! Denn das, was wir zu uns nehmen, wird im Magen verdaut und gelangt anschließend in den Darm und in unsere Körperzellen. Dabei werden die lebenswichtigen Inhaltstoffe für unseren Stoffwechsel in Lebensenergie umgewandelt. Aber natürlich ist der Chemibaukasten, der unser Körper ist, wesentlich komplexer als das, denn in all den Nahrungsmitteln, die wir tagtäglich mehr oder weniger gedankenlos verspeisen, befinden sich unterschiedliche Wirkstoffe, die sich auf unseren Körper jeweils ganz spezifisch auswirken. Einen besonderen Effekt haben Nahrungsmittel, deren Inhaltsstoffe Einfluss auf die Fruchtbarkeit und die Zeugungsfähigkeit des Menschen haben. Wissenschaftler haben herausgefunden, dass Zucker die Ausschüttung des Botenstoffes Serotonin fördert. In unserem Körper ist Serotonin für den Chemie-Stimmungsstoffwechsel verantwortlich, also für Gelassenheit und Ausgeglichenheit, die wir in unserem stressgeprägten Alltag oft dringend nötig haben. Auch Fette setzten Endorphine frei, die sowohl für Energie sorgen als auch ein Hochgefühl verleihen können.

Aphrodisiaka in der Menschheitsgeschichte
Die Verwendung von Aphrodisiaka in unserer Kulturgeschichte lässt sich leider kaum noch rekonstruieren, da es nur noch wenige

> Serotonin ist ein Gewebshormon und Neurotransmitter. Es kommt unter anderem im Zentralnervensystem, Darmnervensystem, Herz-Kreislauf-System und im Blut vor.

erhaltene Quellen gibt. Die berühmteste Überlieferung ist das Kamasutra, entstanden im vierten Jahrhundert nach Christus. Im Lauf der Geschichte wurden die luststeigernden Mittel recht unterschiedlich betrachtet und bezeichnet, etwa als Mittel, die zum Beischlaf reizen, zur Unkeuschheit verführen, die Lust steigern, die geschlechtliche Begierde erregen oder jedes Schamgefühl zerstören – oft deutlich geprägt von den moralischen Voraussetzungen und Perspektiven einer jeweiligen Zeit und Gesellschaft. Zumeist wurden Aphrodisiaka eingesetzt, um männlichem Unvermögen entgegenzusteuern oder Potenzstörungen zu bereinigen. Aber auch lustlose Frauen sollten mit Hilfe von Liebesmitteln wieder angeregt werden.

Das Kamasutra wurde vermutlich zwischen 200 und 300 n. Chr. von Vatsyayana Mallanaga verfasst und gehört zur indischen Tradition der Lehrwerke über Erotik.

Fest steht, dass schon die Neandertaler vor 60.000 Jahren Pflanzen nutzten, die heute ebenso als wirksame Aphrodisiaka bekannt sind. In den Höhlen von Shanidar hat man bei Grabfunden das ephedrinhaltige Meerträubel identifiziert, ein hochwirksames pharmakologisches Kraut. Mit der Erfindung der Schrift wurde nun auch das Wissen über die unterschiedlichen Liebesmittel festgehalten. Sumerische Keilschrifttafeln, altägyptische Papyrusrollen und altchinesische Orakelknocheninschriften können das belegen.

Auch im antiken Europa galten zahlreiche Kräuter als aphrodisierend, Hinweise darauf findet man etwa in Schriften von Theophrast, Dioskurides und Plinius dem Älteren, der in seinem Hauptwerk, der „Naturgeschichte", alle Lebewesen und ihr Verhalten beschrieb. In der Götter- und Vorstellungswelt der Griechen finden wir schließlich auch die Namenspatronin aller erotisierenden Speisen und Getränke: die Göttin der Liebe, der Schönheit und der sinnlichen Begierde: Aphrodite, die mit ihren

Der Stechapfel ist eine markant aussehende Pflanze mit schönen Trichterblüten und stacheligen Fruchtkapseln. Als giftiges Nachtschattengewächs ist der Stechapfel stark giftig, nur in der Homöopathie wird der Stechapfel noch gelegentlich verwendet.

zahlreichen göttlichen und menschlichen Liebhabern die Verführungskunst zur Perfektion gebracht hat.

Obwohl die Christianisierung in Europa viele Gepflogenheiten der Einnahme aphrodisierender Nahrungsmittel bekämpft hat – hauptsächlich deshalb, weil sie das Lustempfinden vor allem bei Frauen dämonisierte –, sind uns einige dieser Pflanzen auch heute noch bekannt und werden nach wie vor als Heilpflanzen eingesetzt. Aphrodisiaka wurden in allen Kulturen angewendet und zählen zu einem festen Bestandteil des traditionellen menschlichen Kulturguts. Im frühen Ägypten und in Griechenland brachten sich die Menschen mit berauschenden Kräuterweinen in Stimmung, die von den Paaren in eigens dafür angelegten Liebesgärten eingenommen wurden. Gerade in Ägypten wurde der Grundstein für den antiken Glauben vom himmlischen und göttlichen Ursprung der Aphrodisiaka gelegt, da man dort annahm, dass aphrodisierende Pflanzen und Getränke eigentlich den Göttern vorbehalten waren.

Das Erbe der griechischen Erotik wurde im Orient weitergeführt, wo Hanf- und Mohnpflanzen sowie der auch heute noch bekannte Stechapfel zum Einsatz kamen, um Liebesnächte zu verlängern und den weiblichen Part in Trance zu versetzen. Der nahe Osten wurde aber nicht nur von der griechischen Kultur beeinflusst, sondern es erreichten viele andere kulturelle Merkmale und Gepflogenheiten aus Ägypten, Afghanistan und Indien den vorderen Orient. Zwar wurde mit der aufkommenden Islamisierung der Wein verboten, der damals ebenso als Aphrodisiakum galt, jedoch wurde nicht so wie im Christentum gegen die körperliche Liebe und den Einsatz von Liebesmitteln polemisiert. Selbst der Prophet Mohammed war dem Gebrauch von erotischen Reizmitteln nicht abgeneigt.

Aber nicht nur der Orient kannte die erotischen Wirkungen des Stechapfels, sondern auch die Indianer in Nordamerika benutzten ihn als luststeigerndes Mittel. Darüber hinaus nahmen sie auch psychotrope Kakteenarten, wie etwa den knolligen Peyote-Kaktus, und halluzinogene Pflanzensamen zu sich. Charakteristisch für die Wirkung von Peyote, wenn es oral eingenommen wird, ist das Erleben höherer Wirklichkeiten und Glückseligkeitszustände.

Sowohl Alan Ginsberg, William S. Bourroughs und Jack Kerouac experimentierten mit Peyote und genossen die erotische und aphrodisischen Wirkungen des Kaktusses.

In Südamerika war es vor allem die ebenfalls heilige Cocapflanze, die heute eine andere Verwendung findet. In Afrika, genauer gesagt in Kamerun, verwendete man hingegen die Rinde des Yohimbébaumes, ein legendäres Potenzmittel, dass vorwiegend die Manneskraft unterstützen sollte. Noch heute erhält man diese Rinde in verschiedenen Kräutermischungen, es wird jedoch auch darauf hingewiesen, dass eine Überdosis heftiges Zittern, Halluzinationen und Verdauungsstörungen hervorrufen kann.

Mit dem Aufkommen des strengen Christentums wurde der Erforschung von berauschenden Liebesmitteln Einhalt geboten, obwohl Alraun, Tollkraut, Bockskraut und Teufelskraut nicht nur für ausfüllende Liebesnächte eingenommen wurden, sondern auch, um kinderlose Paare zu Eltern zu machen. Im Mittelalter nahmen daher viele Menschen das verbotene Wissen von Kräuterfrauen und über den christlichen Kanon hinaus gebildeten Menschen nur heimlich an, versteckt vor den Augen der Kirchendiener, die vor den für sie unbekannten Kräften der Natur fast ebensolche Angst und Abscheu entwickelten wie vor dem weiblichen

---

Die Cocapflanze wird seit über 4500 Jahren mit dem wissenschaftlichen Namen Erythroxylum Coca in Südamerika angebaut. Cocablätter konsumieren heute noch mehr als 8 Millionen Menschen. Seit 1961 werden die Cocablätter von den Vereinten Nationen auf die Liste der verbotenen Substanzen gesetzt.

Geschlecht. Bis sie schließlich das durch die Jahrhunderte erhaltene unschätzbare Wissen als Hexerei auf dem Scheiterhaufen verbrannten.

Aufklärung bezeichnet die um das Jahr 1700 einsetzende Entwicklung, durch rationales Denken alle den Fortschritt behindernden Strukturen zu überwinden. Es galt Akzeptanz für neu erlangtes Wissen zu schaffen.

Erst die Aufklärung beschäftigte sich eingehender mit der wissenschaftlichen Auseinandersetzung der Aphrodisiaka und hielt fest, in welcher Dosis Mittel eingenommen werden durften um keinen Schaden anzurichten. Denn nicht selten trat der Fall einer Vergiftung ein, die der Liebesnacht ein jähes Ende setzte.

Von Irrungen und Wirrungen

Alle Völker der Erde kannten bestimmte Nahrungsmittel, die unfehlbar die sexuelle Lust und Kraft erhöhten. Wenn man versucht, eine Liste derjenigen Lebensmittel aufzustellen, denen irgendwann irgendjemand eine aphrodisische Wirkung nachgesagt hat, dann käme so gut wie jedes Lebensmittel vor. Ein anderes Prinzip, das aus Lebensmitteln Liebesmittel machte, bestand darin, das entsprechende Tierorgan zu verspeisen, in der Hoffnung, es verstärkte die Wirkung des menschlichen Pendants. Auch die Ähnlichkeit mit entsprechenden Körperteilen genügte schon. So kamen neben Karotten und anderem Knollengemüse auch die Hoden von Kängurus oder die Penisse von Stieren auf die Liste erotischer Lebensmittel.

Bei vielen Lebensmitteln gingen die Meinungen darüber, ob sie aphrodisierend wirken, diametral auseinander. Hielten manche die eine Speise für sexuell anregend oder potenzsteigernd, glaubten andere das genaue Gegenteil. Hätte man zum Beispiel als Ägypter bei den Pharaonen gelebt, wäre Salat ein hervorragendes Liebesmittel gewesen. Der weißliche Saft wurde dort mit der männlichen Samenflüssigkeit in Verbindung gebracht. Wäre man nun aber auf der andern Seite des Mittelmeeres im antiken Griechenland gewesen, dann hätte die Sache schon ganz anders ausgesehen. Aus den Überlieferungen der griechischen Antike, die uns heute noch vorliegen, geht nämlich die damalige Ansicht hervor, dass Salat impotent mache. Und auch in einem englischen Kräuterbuch aus dem 17. Jahrhundert wurde Salat als Mittel gegen „maßlose Lust" verordnet.

Die Wissenschaft hat festgestellt …
Aber was sagt eigentlich die Wissenschaft zu der Gruppe von Lebensmitteln, die mehr Lust in unser Liebesleben bringt, mehr Appetit auf das andere Geschlecht macht und uns genussvolle Stunden zu zweit verspricht?

Aphrodisiaka sind keine Wundermittel oder Heilmittel, sie heilen keine physiologisch bedingten Potenzstörungen oder anderen psychischen Belastungen. Vielmehr sind sie Genussmittel, die helfen sollen, eine müde Libido zu wecken und einem Liebespaar ein erfülltes Liebesleben zu bescheren. Bei der Verwendung der Liebesmittel sollte darauf geachtet werden, dass oft auch nur der Glaube an die Wirkung weiterhelfen kann. Erinnern wir uns jedoch an die angeführten Aphrodisiaka aus der Historie, so ist es sicher, dass einige Pflanzen und Lebensmittel durchaus luststeigernde Inhalte besitzen. Um diese zu erforschen, gibt es zwei Methoden. Die erste ist die Ethnopharmakologie und die zweite Methode ist die westliche Medizin.

Der Begriff Libido stammt aus der Psychoanalyse und bezeichnet jene psychische Energie, die mit den Trieben der Sexualität verknüpft ist.

Die Ethnopharmakologie untersucht Mittel, die von den verschiedenen Völkern zu bestimmten Zwecken benutzt werden. So etwa wird erforscht, welche Pflanzen oder Tiere medizinische, rituelle oder aphrodisische Verwendungen finden, darüber hinaus wird

Die Ethnopharmakologie ist die Wissenschaft vom Studium der Pflanzen in Bezug auf ihre Verwendung durch den Menschen

der kulturelle Zusammenhang hinterfragt. Wird nun ein Aphrodisiakum ethnopharmakologisch untersucht, werden zunächst die kulturellen Bezüge genauer betrachtet. Es wird hinterfragt, wie das Mittel heißt, wie es kategorisiert wird, woraus es besteht, wie es eingenommen wird, welche Dosis erforderlich ist, wie das Mittel bewertet wird und wie die tatsächlichen Erfahrungen damit aussehen. Um all diese Fragen beantworten zu können, muss die Ethnopharmakologie die Mittel selbst ausprobieren und beobachten, welche Wirkung die Testpersonen persönlich wahrnehmen und ob unerwartete Effekte auftreten.

Da manche Aphrodisiaka psychoaktive oder psychedelische Auswirkungen haben können, ist ein vorsichtiger Umgang stets Voraussetzung. Ein weiterer Schritt besteht darin, die Liebesmittel genau zu analysieren und zu untersuchen, aus welchen Stoffen sie bestehen, ob sich chemische Wirkstoffe definieren lassen, wie die Wirkstoffe im Labortest wirken und ob diese die gleiche Wirkung haben wie die pflanzliche Zubereitung. Die so extrahierten Wirkstoffe können nun auf verschiedene Weise getestet werden. Um wissenschaftlich exakt zu prüfen, welche genauen Auswirkungen das Erforschte hat, müsste es in klinischen Laborexperimenten am Menschen angewendet werden. Dies ist aber recht selten der Fall. Ab diesem Zeitpunkt geht die Ethnopharmakologie in die westliche Medizin über, und die extrahierten Wirkstoffe werden nun an Ratten und Mäusen getestet. Zeigt sich bei den tierischen Probanden eine gesteigerte Libido, also steigern sich die Erektionsgeschwindigkeit und die Kopulationsfrequenz, so wird dem Wirkstoff eine mögliche aphrodisische Wirkung zugeschrieben. In der Folge könnte das Erforschte auch am Menschen getestet werden. Da aber schon oft gezeigt wurde, dass Mensch und Tier großteils sehr unterschiedlich reagieren, ließ sich bislang keine verbindliche wissenschaftliche Aussage in Bezug auf Aphrodisiaka treffen, und so kam man zu dem allgemeinen schulmedizinischen Schluss, dass es keine echten Aphrodisiaka gibt.

Dennoch – auch wenn die Wissenschaft bis dato keine konkreten Belege für aphrodisierende Wirkweisen von Lebensmitteln gefunden hat, heißt das im Umkehrschluss nicht, dass es sie nicht gibt. Ob und wie ein Mittel, eine Pflanze oder ein Nahrungsmittel wirkt, hängt sicherlich oft von der Vorstellungskraft jedes Einzelnen ab, aber wollen wir denn tatsächlich annehmen, dass jahrtausendelange positive Anwendungen und Erfahrungen in nahezu allen Kulturen und Gesellschaften der Menschheitsgeschichte wirklich einzig und allein vom Glauben an ihre Wirkung abhängen?

Probieren Sie es aus
Dieses Buch wird unabhängig von wissenschaftlicher Betrachtungsweise Ihren „Genuss"-Alltag bereichern und so oft wie möglich eine spannende Abwechslung in Ihr Leben bringen. Vielleicht machen Sie ja auch ihre persönlichen Experimente mit den einzelnen Speisen und Lebensmitteln, entweder gemeinsam mit Ihrem Partner/Ihrer Partnerin oder einfach auch einmal, ohne es ihr oder ihm zu sagen, nur um zu schauen, was passiert.
Sie können dabei gerne strategisch vorgehen und untersuchen, welche Speise bei Ihnen und Ihrem Partner/Ihrer Partnerin funktioniert und welche nicht. Überlegen Sie sich die Rahmenbedingungen Ihres Experimentes und lassen Sie sich überraschen!

Die hier angeführten Aphrodisiaka sind eine kleine Auswahl der Lebensmittel, die auch im Rezeptteil eingesetzt werden. Viele dieser Lebensmittel, die aufgrund ihrer Tradition in allen Kulturen als aphrodisierend gelten, verwenden wir im Alltag, ohne zu wissen, dass ihr Genuss positive Auswirkungen auf unseren Köper und unser Wohlbefinden hat. Wenn man so will, sind fast alle pflanzlichen aphrodisierenden Lebensmittel Super-Foods.

Ananas *(Ananas comosus)*

Heimisch in Südamerika und Afrika, kommen heute die meisten Früchte aus Thailand und den Philippinen. Vitamine, Mineralstoffe und das Ananas-Enzym Bromelain machen die Ananas zu einem beliebten Entschlackungslebensmittel. Die goldgelben Früchte wirken aber nicht nur entwässernd und entschlackend, sondern haben auch eine positive Auswirkung auf das Liebesleben. Darüber hinaus trägt der enthaltene Zucker im Ananassaft dazu bei, dass Sperma besser schmeckt.

Anis *(Pimpinella anisum)*

ist eine Pflanze mit weißen Blüten und kleinen aromatischen Samenkörnern, die zu den Gewürzen mit einer sehr langen Geschichte gehört. Schon fast vier Jahrtausende lang wird Anis in den verschiedensten Kulturen zur Linderung von Beschwerden eingesetzt. Im alten Griechenland und Rom war er eines der meistgenutzten Gewürze. Er soll die Lust zum Beischlaf fördern, wirkt bei Verdauungsproblemen, löst Krämpfe und ist leicht harntreibend. Zum leicht süßen Aroma mischt sich eine Hauch von Holz und Pfeffer.

Artischocke *(Cynara cardunculus)*

ist eine Arzneipflanze, der eine appetitanregende und verdauungsfördernde Wirkung zugesprochen wird. Zudem enthält die distelartige Pflanze Inhaltsstoffe wie Vitamin C und Cynaridin, die die Östrogenausschüttung anregen und somit besonders die weiblichen Sexualhormone stimulieren. Die essbaren Teile der Artischocke befinden sich in den Blättern und im Boden. In früheren Zeiten galt die Artischocke in unseren Breitengraden als sehr selten. Der aufwendige Import machte sie äußert besonders und sie kam ausschließlich in wohlhabenden Haushalten auf den Tisch. Durch ihre Form ist die Artischocke ein sehr sinnliches Lebensmittel und zählt zu den Spitzenreitern der Aphrodisiaka. Die enthaltene Phenolverbindung Cynarin blockiert im Mund den Geschmacksrezeptor „Süß" und lässt vorübergehend alles andere auch süß schmecken.

Auster *(Ostreidae)*

enthält reichlich Phosphor, Jod und vor allem Zink, das die Produktion von Testosteron ankurbelt und dabei hilft, den Nachrichtenfluss zwischen den erotischen Zentren des Gehirns zu beschleunigen. Ihre aphrodisische Wirkung schätzen Liebhaber schon seit Jahrhunderten und reihen die Muschel an die Spitze der Aphrodisiaka. Schon Casanova behauptete, dass ein Mann gut fünfzig Austern im eigenen Saft schlürfen muss, um seine Manneskraft zu stärken. Das Fleisch der Auster muss fest und cremefarben sein, und es schwimmt in einer durchsichtigen Flüssigkeit, ihr Geruch sollte an klare Meeresluft erinnern und keinesfalls verdorben riechen. Beim Öffnen der Muschel ist Vorsicht geboten, es bedarf eines Kettenhandschuhs, eines sehr scharfen Messers und viel Kraft.

Avocado *(Persea americana)*

wächst in den tropischen Gebieten Mittelamerikas. Die Azteken nannten die Frucht „Ahuacatl", was übersetzt so viel bedeutet wie Hodensack. Die Avocado enthält Vitamin E und ungesättigte Fettsäuren, die die Durchblutung anregen, sowie die Aminosäure Tryptophan, die im Gehirn zu dem berühmten Glückshormon Serotonin umgewandelt wird.

Basilikum *(Ocimum basilicum)*

stammt aus Asien und enthält ätherische Öle, Gerbstoffe und Vitamine, die stark entkrampfend und entzündungshemmend, aber auch entspannend und schmerzlindernd wirken. Heute kennt man mehr als sechzig unterschiedlich gezüchtete Basilikumarten. In Indien wird die Basilikumart Tulsi als heiliges Kraut verehrt, das neben guter Gesundheit ein glückliches Sexualleben bescheren soll. In vielen antiken Aufzeichnungen wird Basilikum als das Kraut der Könige beschrieben.

Champagner

wird ausschließlich aus drei Rebsorten hergestellt: aus den roten Rebsorten Pinot Noir (Spätburgunder) und Pinot Meunier (Müllerrebe oder Schwarzriesling) sowie aus der weißen Rebsorte Chardonnay. Champagner hebt die Stimmung und wirkt enthemmend und sehr erotisierend. Aber Vorsicht, zu viel davon kann das Gegenteil bewirken.

Chili *(Capsicum frutescens)*

ist wie Sellerie und Spargel eines der bekanntesten Aphrodisiaka. Die Volksmedizin sagt, dass Chili den Körper anregt und kräftigt und eine gute Vitamin- und Mineralstoffquelle ist. Er fördert die Durchblutung, wirkt antibakteriell und entzündungshemmend. Chili öffnet die Poren der Haut, dadurch wird sie sensibler und reagiert empfindlicher auf Berührungen. Die Wirkung des Capsaicins steigert die Lust und das körperliche Wohlbefinden und setzt Endorphine frei. Wenn etwas zu viel Chili erwischt wird, hilft der Genuss von Milch oder Käse, da Fett das Capsaicin löst.

Erdbeere *(Fragaria sp.)*

Die Erdbeere gilt einerseits aufgrund ihrer roten Farbe, andererseits durch ihre Herzform als erotische und verführerische Frucht. Die Walderdbeeren waren bereits bei unseren Vorfahren bekannt und beliebt. Erste Funde reichen bis in die Jungsteinzeit zurück. Dabei verzaubert die rote Frucht nicht nur optisch, sondern wirkt auch noch als luststeigernder Vitaminspender. Das Vitamin C beeinflusst die Steuerung der Sexualhormone und kräftigt das Abwehrsystem. Darüber hinaus regen Erdbeeren die Verdauungs- und Nierentätigkeit an und wirken entschlackend, harntreibend und entwässernd.

Feige *(Ficus carica)*

Die Feige ist das bekannteste Aphrodisiakum aus dem fernen Orient. Schon das Innere der schönen Frucht weckt die Lust und regt die sexuelle Fantasie an. Nachdem Adam und Eva vom Baum der Erkenntnis aßen, bemerkten sie schamhaft ihre Nacktheit und verhüllten ihre Scham mit Feigenblättern. Auch in der bildenden Kunst wurde das Feigenblatt verwendet, um die Genitalien von Skulpturen und Statuen zu bedecken. Der hohe Gehalt an Zucker, Eisen und Kalzium macht die Feige zu einem idealen Energiespender. Zudem gilt das enthaltene Phosphor als Lustbringer, der den Stoffwechsel stimuliert und die Erregbarkeit steigern soll. Hildegard von Bingen riet sogar, die Frucht nur vorrübergehend bei Schwäche zu essen, da sie „gelüstig und haltlos" macht.

Fenchel *(Foeniculum vulgare)*

ist im zentralen Mittelmeerraum zu Hause. Fenchel wurde als sehr wertvolles Lebens- und Stärkungsmittel geschätzt. So wurde etwa im alten Rom den Gladiatoren jeden Tag eine Ration Fenchel zur Stärkung verabreicht. Auch in der Volksmedizin ist die Liste der Anwendungsmöglichkeiten unendlich lang. Unter anderem wird er zur Erleichterung von Wechselbeschwerden eingesetzt und gilt als das wichtigste Heilkraut bei Bauchschmerzen jeder Art, bei Verdauungsbeschwerden, Sodbrennen sowie Schmerzen und Krämpfen im Magen.

Fisch

enthält wichtige Omega-3-Fettsäuren, die für eine optimale Durchblutung sorgen, eine wichtige Voraussetzung für eine erfüllende Sexualität. Die außerdem im Fisch enthaltenen Nährstoffe Zink, Selen und Magnesium sind relevant für eine natürliche Libido und die Bildung und Beweglichkeit der Spermien.

Geflügel

wird gerne zu einem erotischen Mahl serviert, da das weiße Fleisch leichter verdaulicher ist als rotes und somit die sexuelle Aktivität nicht beeinträchtigt wird. Geflügelfleisch ist zudem ein sehr guter Eiweißlieferant.

Granatapfel *(Punica granatum)*

Der Granatapfel wurde schon im Altertum im ganzen Mittelmeerraum gezogen. Er ist das Symbol der Liebesgöttin Aphrodite, nach der auch die Aphrodisiaka benannt sind. In der griechischen Antike galt der Granatapfel, der mit fruchtigen Kernen prall gefüllt ist, als Fruchtbarkeits- und Liebessymbol und wurde kinderlosen Frauen verschrieben. In Zypern werden heute noch Granatäpfel vor die Haustür von frisch verheirateten Ehepaaren gelegt, um ihnen eine kinderreiche Zukunft zu wünschen. Amerikanische Studien haben belegt, dass der Saft des Granatapfels gegen leichte Potenzschwäche hilft, da er die Substanz Piperidin enthält, die für eine anregende Wirkung verantwortlich ist.

Honig

gilt als der Nektar der Aphrodite und wird seit vielen Jahrtausenden hoch geschätzt und als Aphrodisiakum benutzt. Er ist ein Universalmittel, das sich problemlos mit Gewürzen und Kräutern mischen lässt. Der hohe Gehalt an Vitamin B, C und Mineralien regt die Produktion von Sexualhormonen an. In Asien glaubt man, dass Honig eine magische Substanz enthält, die den positiven Einfluss auf die Fruchtbarkeit der Frau und die Potenz des Mannes ausübt. Honig belebt erschöpfte Liebende. Avicenna, der berühmte islamische Arzt, empfahl Männern als Mittel gegen Impotenz, Honig mit Ingwer einzunehmen.

Ingwer *(Zingiber officinale)*

zählt weltweit zu den wichtigsten Heilkräutern. Seine Wirkungsweisen sind vielfältig und besonders in der Traditionellen Chinesischen Medizin geschätzt. Lange war unklar, woher Ingwer ursprünglich kommt. Heute weiß man, dass er aus dem Gebiet zwischen Südost-China und Nordindien stammt. Die knollenartige Wurzel trägt dort den Beinamen „göttliches Feuer", ist bekannt für seine angenehm stimulierende Wirkung und wird ebenfalls gegen Depressionen eingesetzt. Paracelsus und Hildegard von Bingen verschrieben ihn als Heilmittel gegen übermäßiges Schwitzen, bei schlechter Verdauung und mangelnder Liebeskraft. Ätherische Öle, neutrales Harz sowie Gingerol bringen den Kreislauf auf Hochtouren, fördern die Durchblutung und sollen auch die Produktion der Spermien verbessern. In Asien wird Ingwer auch öfters auf die äußeren Geschlechtsorgane aufgetragen, um die Manneskraft länger aufrechtzuhalten, dies sollte aber bei uns nicht unbedingt ausprobiert werden, da die Schärfe des Ingwers die Schleimhäute sehr reizen kann.

Kaffee *(Coffea arabica)*

wächst in den tropischen Zonen Afrikas, Amerikas und Asiens. Der stimulierende Muntermacher galt im 16. Jahrhundert, zu Beginn seines Siegeszugs durch Europa, als Aphrodisiakum und Medizin – nicht als Genussmittel oder Getränk wie heute, man bezeichnete ihn sogar als heiliges Getränk. Seine anregende Wirkung entsteht nicht nur durch Koffein, auch Nicotinsäure und

Theobromin wirken leicht stimmungsaufhellend. Rund 1000 zusätzliche Inhaltsstoffe sollen die gerösteten Bohnen haben, von deren Wirkung man noch wenig weiß. Besonders aphrodisierend wirkt Kaffee, wenn er mit Honig und Kardamom parfümiert wird.

Kardamom *(Elettaria cardamomum)*

gehört zur Gruppe der Ingwergewächse, wird im Orient auch als „Paradiessamen" bezeichnet und ist in den Geschichten aus Tausendundeiner Nacht das am häufigsten erwähnte Gewürz. Heute wird der meiste Kardamom in Nepal und Guatemala angebaut. Schon in der Antike galt die Kardamonkapsel als Heilmittel und Aphrodisiakum. Die getrockneten Fruchtkapseln beinhalten Samen, die das begehrenswerte aromatische Gewürz liefern. Sie werden gerne zum Würzen von Süßspeisen und Getränken wie etwa Tee oder Kaffee verwendet. Kaut man an einer Kapsel, werden im Mund ätherische Öle freigesetzt, die einen besseren Atem erzeugen. Besonders auf Männer sollen die kleinen grünen Kapseln eine anregende Wirkung haben. Das süßlich-scharfe Aroma reizt die Sinne, wärmt, wirkt antidepressiv und regt Geist und Körper an. Damit das wertvolle ätherische Öl nicht verloren geht, sollte Kardamom erst zum Ende der Kochzeit zu den Gerichten gegeben werden.

Karotte *(Daucus carota)*

Die Karotte wird seit der Antike in Europa, Asien und Nordafrika als Gemüsepflanze angebaut und wurde schon von den Griechen als Liebesmittel bezeichnet. Von den Römern übernahmen die Deutschen frühzeitig den Anbau, und auch dort galt die Karotte sehr früh als beliebtes Aphrodisiakum. Heutzutage werden in

Oberägypten Karottensamen mit Honig gekocht und als Stimulationsmittel gegessen. Auch in Japan gelten die Rüben als hervorragendes Aphrodisiakum, denn es heißt, dass sie den Geschlechtstrieb auffällig steigern und Sterilität besiegen können.

Kartoffel (Solanum tuberosum)

Die Kartoffel kam im 16. Jahrhundert von Peru nach Europa und war bis ins 19. Jahrhundert eine Delikatesse der Reichen. Schon seit der Inka-Zeit ist die Kartoffel Gegenstand der Verehrung, besonderen Interesses und Kult. Ein heute nicht mehr so bekannter Aspekt der spannenden und wechselvollen Geschichte der Kartoffel ist ihre stimulierende Wirkung für das Liebesleben. Sie hatte den Ruf, müde Liebhaber wieder zu stärken.

Kaviar

ist der unbefruchtete Laich des Störs, der vor allem im Kaspischen Meer und im Schwarzen Meer heimisch ist. Wie die Auster ist Kaviar ein sehr beliebtes und bekanntes Aphrodisiakum, das darin enthaltene Zink erhöht den Testosteronspiegel und so auch das Lustempfinden. Kaviar kann in natura genossen werden, lässt sich aber auch wunderbar in der warmen Küche einsetzen und verleiht jedem Gericht eine außergewöhnliche Note.

Knoblauch (Allium sativum)

ist, ähnlich wie Salz, fast überall auf der Welt ein Universalgewürz und stammt ursprünglich aus Zentralasien. In den letzten

Jahrzehnten wurde Knoblauch auch in unseren Breiten angebaut und kann dank seiner bioaktiven Stoffe zu Recht als „Hausmittel" bezeichnet werden. Er wirkt antiseptisch, antibiotisch und antimykotisch, ist gleichzeitig eines der seltenen natürlichen Antibiotika. In Ägypten wurde den Arbeitern beim Pyramidenbau täglich eine Ration Knoblauch verschrieben, um ihre Vitalität und Kraft aufrechtzuerhalten. Der für viele Menschen als unangenehm empfundene Geruch kann durch das Schälen und das Entfernen des Keimlings vermindert werden. Die bioaktiven Stoffe des Knoblauchs haben ebenfalls eine hervorragend aphrodisische Wirkung, jedoch erst nach einiger Zeit. Um ihn als luststeigerndes Mittel verwenden zu können, sollte er regelmäßig über mindestens fünf Wochen eingenommen werden.

Koriander *(Coriandrum sativum)*

stammt aus der Mittelmeerregion und ist eine einjährige Pflanze aus der Familie der Doldenblütler. Heute findet man ihn in den Küchen von Europa, Nordafrika, Indien, Thailand, China sowie Zentral- und Südamerika. Beachtung sollte man den geschmacklichen Unterschieden von frischen Korianderblättern und gemahlenen oder zerstoßenen Koriandersamen schenken. Vielen ist der Geschmack der frischen Blätter unerträglich, probiert man jedoch die reich an ätherischem Öl und anderen Wirkstoffen zerstoßenen Koriandersamen, kann man nur schwer von einer Vergleichbarkeit sprechen. Das warme und würzige Aroma der Samen und der unverwechselbare Geschmack der Blätter macht Koriander seit jeher zu einem stimulierenden und tonisierenden Aphrodisiakum.

Kurkuma *(Curcuma longa)*

steht vor allem in der hinduistischen Kultur für Glück und Sonne. Kurkuma ist bekannt dafür, Beschwerden zu lindern. Schon vor 4000 Jahren wurde Kurkuma in Südasien bei religiösen Ritualen, zum Färben von Kleidung, zum Würzen von Speisen und natürlich als Heilmittel eingesetzt. In der ayurvedischen Medizin wird Kurkuma als natürliches Antibiotikum beschrieben, das gleichzeitig Energie und Wärme verleiht. Es wird bei Nervenschwäche, mentalen Problemen, als natürliches Schönheitsmittel und als Aphrodisiakum angewendet.

Kürbis *(Curcubita sp.)*

wird schon lange von den Indianern kultiviert und als Aphrodisiakum verwendet, seine unzähligen Kerne galten als Symbol unendlicher Fruchtbarkeit. Sie enthalten viel Vitamin E und Zink und können damit die Funktionstüchtigkeit der Spermien verbessern. In der Volksmedizin verwendet man Kürbiskerne und das daraus gewonnene Öl – auch „das grüne Gold" genannt – gegen Blasen- und Prostatabeschwerden.

Mango *(Mangifera indica)*

wird seit mehr als 4000 Jahren in Indien kultiviert und spielt in der hinduistischen Mythologie eine wichtige Rolle. Die Mango wird als Königin der Früchte bezeichnet. Die hodenförmige Frucht soll laut indischem Kamasutra müde Männer wieder munter machen.

Meerrettich *(Armoracia rusticana)*

ist ein scharf schmeckendes und anregendes Gemüse. Den Saft der scharfen Wurzel wandte man im Mittelalter äußerlich an. Damals rieb man den Penis damit ein und erhoffte sich davon eine dauerhafte Erektion. Als Mahlzeit verzehrt kann die weiße Wurzel zu ähnlichen Effekten führen. Ursache dafür sollen schwefelhaltige ätherische Rettichöle mit ihrer durchblutungsfördernden Wirkung auf Blase und Geschlechtsorgane sein.

Melone *(Cucumis sp.)*

gibt es schon seit vielen tausend Jahren. Ihren Ursprung vermuten Botaniker in Zentralafrika. Melonen wirken harntreibend und leicht abführend. Wassermelonen sind nicht nur ein gutes Hausmittel gegen Verstopfung, sondern helfen auch bei der Vorbeugung von Nierensteinen. Das Fruchtfleisch der Melone enthält viele Carotinoide, die unser Stoffwechsel in Vitamin A umwandelt. Besonders die Honigmelone symbolisiert weibliche Üppigkeit, ihre herrliche Süße wirkt anregend.

Minze *(Mentha sp.)*

gedeiht wild und als Kulturpflanze. Schon vor 3000 Jahren legten die Ägypter Kränze aus Minze in die Gräber ihrer Toten. Ursprünglich kommt das Kraut wahrscheinlich aus China. Bei den alten Römern kam die wild wachsende Minze als Heilkraut, Gewürz und nicht zuletzt als Aphrodisiakum zum Einsatz. Wilde Minze-Arten wurden etwa als „Venuskrone" zum Bekränzen von Brautpaaren verwendet. Im alten Griechenland empfahl Aristoteles die Minze als Aphrodisiakum, warnte allerdings davor, zu viel davon zu nehmen. Shakespeare beschrieb sie als Stimulans für ältere

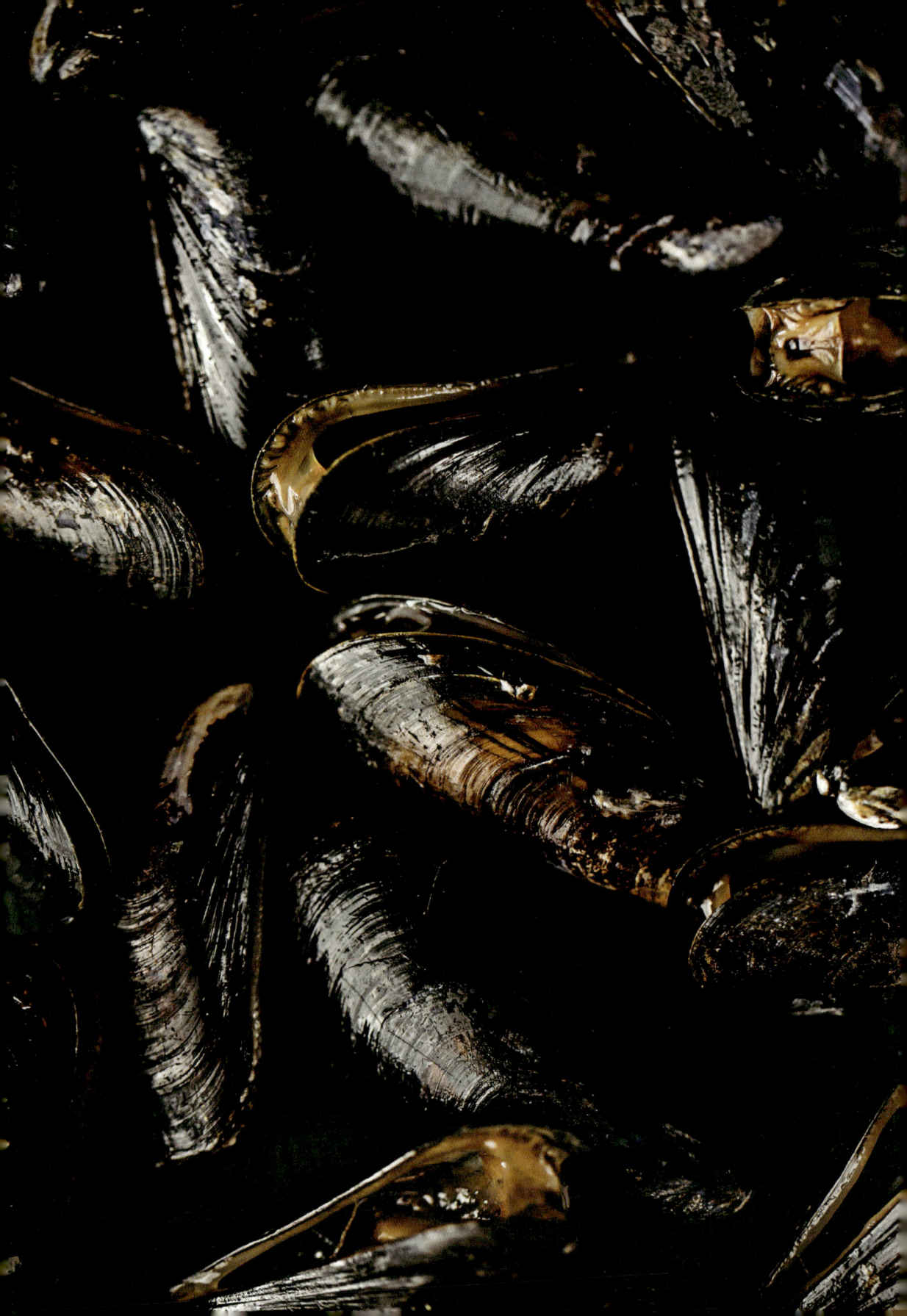

Herren. Den Soldaten der damaligen Zeit wurde geraten, vor einer Schlacht davon nichts zu essen, da die gesteigerte Männlichkeit ihrem Mut und ihrer Kraft im Wege stehen würde.

Mohn *(Papaver sp.)*

ist eine der ältesten Kulturpflanzen und wurde auch als „Pflanze der Freude" bezeichnet. Schon im 4. Jahrtausend v. Chr. wurden auf Tontafeln der Sumerer medizinische Anwendungen von Opium beschrieben, das aus dem eingedickten Milchsaft der Mohnkapsel gewonnen wird. Da er etwa 25 Alkaloide, darunter Morphin und Kodein, enthält, ist er auch heute noch ein wichtiger Lieferant von Schmerzmitten. Die Mohnsamen sind aber alkaloidfrei und daher für die Küche unbedenklich. Südamerikanische Ureinwohner schwören seit Jahrhunderten auf die Mohnpflanze als natürliches Aphrodisiakum.

Muscheln

Die Venusmuschel hat einen sinnlichen Namen. Ihre äußere Form erinnert an den Bauchnabel der römischen Schönheitsgöttin Venus, daher der Name. Das Schlossband, welches die beiden Muschelschalen zusammenhält, soll gemeinsam mit dem Muschelfleisch an die Vulva einer Frau erinnern. Muscheln haben von jeher eine erotisierende und aphrodisierende Wirkung. So soll Aphrodite, die Göttin der Liebe und Schönheit und das griechische Pendant zur römischen Venus, aus einer Muschel geboren sein. Rein wissenschaftlich betrachtet enthalten Muscheln viele Mineralien, besonders der hohe Zink-Gehalt ist es, der die Muschel zu einem Aphrodisiakum macht. Dieser führt zu einer erhöhten Spermienproduktion bei Männern und wirkt dadurch luststeigernd.

Muskatnuss *(Myristica fragrans)*

ist eine der bekanntesten natürlichen Halluzinogene. Das in der Nuss enthaltene Öl besteht zu großen Teilen aus Myristicin, das vom Körper in ähnliche Stoffe wie Ecstasy oder Mescalin abgebaut wird. Für diese berauschende Wirkung braucht man allerdings eine sehr große Menge. Ab fünf Gramm – das entspricht etwa einer ganzen Nuss – soll es im Körper zu Rauschzuständen kommen. Wer schon einmal mit Muskatnuss gewürzt hat, weiß allerdings auch, dass der Verzehr von Speisen, mit einer ganzen Nuss gewürzt, weit entfernt von irgendeiner Art von Genuss liegt. Dennoch ist Vorsicht geboten, die Rauschzustände entstehen als Symptome von Vergiftungserscheinungen des Körpers, sollten also nicht leichtsinnig und fahrlässig provoziert werden. Zum Aphrodisiakum wird diese Nuss wie die meisten Gewürze durch die enthaltenen ätherischen Öle, welche die Sinne reizen und die Nerven empfänglicher machen.

Petersilie *(Petroselinum crispum)*

spielt seit mehr als 3000 Jahren eine sehr wichtige Rolle in der Küche. In der Antike war die Petersilie ein Symbol der Wiedergeburt, und auch Homer besang sie in seiner Odyssee. Gladiatoren in jener Zeit bekamen täglich eine Ration Petersilie als Tonikum verabreicht, um sie bei Kräften zu halten. Besonders rohe Petersilienblätter, mit dem Inhaltsstoff Apiin Glykosid, galten im 18. und 19. Jahrhundert in schottischen Clubs als natürliches Mittel zur Potenzsteigerung. Japanische Forscher konnten unter anderem nachweisen, dass die Petersilie die Östrogenaktivität beeinflusst. Petersilie wirkt aber auch entschlackend, regt den Appetit an und hilft bei Verdauungsbeschwerden. Dank ihres reichen Nährstoffgehalts ist sie ein ausgezeichnetes Gewürz für Menschen mit Blutarmut.

Pfeffer *(Piper nigrum)*

ist eines der ältesten und wichtigsten Gewürze überhaupt. Der schwarze Pfeffer besteht aus den ganzen, unreif geernteten, ungeschälten Früchten. Der weiße Pfeffer wird aus den reifen, durch Fermentation von der äußeren Schale befreiten Früchten gewonnen. Die grünen Pfefferkörner werden unreif geerntet und eingelegt. Die Inhaltsstoffe haben eine antibakterielle, antivirale, stimulierende, stärkende, belebende, erwärmende und schmerzstillende Wirkung auf den Organismus. Vor allem durch den Wirkstoff Piperin wird der Stoffwechsel angeregt. Außerdem sinkt der Cholesterinspiegel und die Verdauung wird unterstützt. Außerdem wird die Durchblutung belebt, die sexuelle Lust wird erhöht, der Organismus wird stimuliert und erhält neue Energie.

Reis

ist das Symbol der Fruchtbarkeit. In vielen Ländern gibt es den Brauch, frisch vermählte Hochzeitspaare mit Reiskörnern zu bewerfen. Je mehr Reiskörner geworfen werden, umso größer soll der Kindersegen sein.

Rosmarin *(Rosmarinus officinalis)*

regt die Herztätigkeit an und sorgt für eine gute Durchblutung. Geschmack und Duft regen die Geschmacksknospen und Riechsinne an und sorgen so für eine sinnliche Stimmung. Er war im alten Griechenland Aphrodite, der Göttin der Liebe, Schönheit und sinnlichen Begierde, geweiht. Zudem steht Rosmarin für Treue und Loyalität und wurde aus diesem Grund häufig auf Hochzeiten dekorativ eingesetzt, in Brautsträuße gebunden oder den Gästen als Zweig angesteckt.

Safran *(Crocus sativus)*

aus den Blütennarben des violett blühenden echten Safrans hergestellt, sorgt der Safran mit seinen orangefarbenen Fäden dafür, dass Speisen eine außerordentliche gelbe Farbe annehmen. In Tibet etwa ist diese Farbe heilig. Wichtig ist die Dosierung dieses Gewürzes. Verwendet man zu viel, kann die Speise schnell bitter schmecken. Normalerweise reichen zwei bis drei Fäden, um Reis, verschiedene Saucen et cetera zum Leuchten zu bringen. Wie bei den meisten aphrodisischen Würzmitteln sind es auch hier die ätherischen Öle und die besonderen Geschmacksnuancen, die die Sinne sensibilisieren. Besonders auf Frauen soll Safran als luststeigernde Speisezutat seine Wirkung ausüben.

Sellerie *(Apium graveolens)*

hat schon lange den Ruf eines Lustbringers und ist in unseren Breitengraden eines der bekanntesten pflanzlichen Aphrodisiaka. So heißt er etwa im Volksmund „Stehpiperkraut", „Stehwurzel", „Geilwurz" und „Böckekruit". Aber schon die alten Römer und

Ägypter wussten seine Vielseitigkeit zu schätzen. So fand man etwa im Grab von Tutenchamun Sellerie als Grabbeigabe. Sellerie enthält das Pheromon Adrostenol, das auch im Männerschweiß vorkommt und laut mehreren Studien direkt auf das weibliche Gehirn wirkt. Darüber hinaus enthält er das Öl Apiin, das die Bildung von Sexualhormonen aktiviert. Sellerie trägt energetisch zu einer besseren Sexualität bei, da er die Vitalenergie der Niere stärkt. Bei Frauen regt er die Durchblutung des Beckens und der Gebärmutter an, was die Menstruation fördern kann.

Spargel *(Asparagus officinalis)*

stammt ursprünglich aus den Sandsteppen und Küstengebieten Vorderasiens. In China wurden Spargelpflanzen schon vor über 5000 Jahren als Heilpflanzen genutzt. Heute wird er in Regionen mit gemäßigtem bis warmem Klima weltweit angebaut. Spargel zählt aufgrund seiner phallischen Stängel zu einem sehr symbolischen Aphrodisiakum. Spargelstangen stecken voller Mineralstoffe, Zink und Folsäure. Nicht zu vergessen die Aminosäure Aspargin, die für ihre entwässernde Wirkung bekannt ist, die aber auch die Durchblutung fördert.

Schokolade/Kakao

war das heilige Getränk der Azteken und wurde nur vom Adel getrunken. Kakao ist genauso anregend wie Kaffee und enthält Phenylethylamin. Dieser Stoff bringt Puls und Kreislauf in Gang und sorgt für eine bessere Durchblutung. Zudem macht Schokolade glücklich. Sie enthält sogar chemische Substanzen wie Serotonin, allerdings in zu geringen Dosen, um wirklich Wirkung zu zeigen. Aber Schokolade weckt Erinnerungen und ist der

Inbegriff von Genuss. Das regt die Phantasie an und kann so auch zu einer aphrodisierenden Wirkung führen. Sie eignet sich als Aphrodisiakum gleichermaßen für Mann und Frau, da sie ein rein emotionales Lustmittel ist. Das heißt, dass Schokolade zwar aufputschend und angenehm berauschend wirkt, jedoch nicht persönlichkeitseingreifend ist.

Tomate *(Solanum lycopersicum)*

leitet sich vom aztekischen Wort „xitomatl" ab, das mit „prall anschwellen" übersetzt werden kann. Ursprünglich beheimatet in Mittel- und Südamerika, wurde sie von den Spaniern nach Europa gebracht. Dort galt sie als selten und exklusive Delikatesse. Die Franzosen nannten sie „pomme d'Amour", gebräuchlich war auch der Name „Paradiesapfel", da die Frucht an den „Apfel der Erkenntnis" erinnerte. Der Verzehr von Tomaten vor dem Liebesspiel hebt die Laune, da sie viel Zink enthält, und den Serotoningehalt im Blut ankurbelt.

Trüffel *(Tuber melanosporum)*

galt bei den Römern als ganz besonders kraftvolles Aphrodisiakum, ähnlich wie die Auster. Mit dem Zerfall des römischen Reiches geriet die aphrodisische Wirkung der Knolle aber langsam in Vergessenheit. Heute ist die Trüffel eher ein rein psychologisches Aphrodisiakum und besonders bei wohlhabenden Genießern beliebt. Ihr Geschmack erinnert an Nüsse und wird gerne mit Pasta verzehrt. Bei der Trüffel gibt es unterschiedliche Qualitäten. Die teuerste unter ihnen ist die schwarze Trüffel. Aromatischer Geruch und erlesener Geschmack zeichnen diesen unterirdisch wachsenden Pilz aus. Ein paar Tropfen Trüffelöl oder einige Scheibchen über ein Gericht gehobelt veredeln jede Speise. Als Aphrodisiakum gilt Trüffel vor allem im Mittelmeerraum. Vermutlich liegt seine Wirkung in einem speziellen Duftstoff (Pheromon), das in einigen Nuancen den Sexuallockstoffen des Menschen ähneln soll.

Vanille *(Vanilla sp.)*

ist ein exotisches und intensives Gewürz, das die Geschmacksknospen weiten soll, die Sinne weckt und die Menschen sensibler und feinfühliger macht. Der Duftstoff der Vanille hat zudem eine ähnliche chemische Zusammensetzung wie die Sexuallockstoffe der Menschen. Schon im alten Mexiko rieben sich die Frauen mit Vanilleschoten ein, um die Männer zu betören. Noch heute nutzt die Parfümindustrie diesen Umstand und verwendet Vanille in zahlreichen Parfüms, Ölen und Lotionen.

Wein

wurde schon vor 4000 Jahren von den Ägyptern kultiviert. In der Antike war der griechische Gott Dionysos oder Bacchus, übrigens Aphrodites Liebhaber, zuständig für den Wein, die Erotik und die Fruchtbarkeit. Zu seinen Ehren wurden orgiastische Feste veranstaltet. Wein floss hier in großen Mengen und die körperliche Liebe mit dazu. Auch heute noch spielt der alkoholische Saft der Reben eine wichtige Rolle als Enthemmer. Aber Vorsicht: Zu viel Wein kann ein absolutes Anaphrodisiakum sein.

Weizen

ist das älteste Nahrungsmittel der Menschheit. Es gibt Hinweise, dass schon vor 7000 v. Chr. Weizen in Anatolien angebaut wurde, und wie Reis verkörpert der Weizen Fruchtbarkeit. Neben anderen Wirkstoffen enthält Weizen Vitamin E, das das Sexualorgan stärkt, darüber hinaus wird die Form der Ähre als phallisch angesehen. Nicht selten wurde für dionysische Feiern Brot in Form von Genitalien gebacken.

Zimt *(Cinnamomum verum)*

ist auf den Weltmärkten seit vielen hunderten Jahren eines der geschmacklich feinsten und exquisitesten Gewürze. Der Zimtstrauch ist überaus leicht zu erkennen, denn die ganze Pflanze verströmt den unverkennbaren Zimtgeruch. Wir in Europa kennen zumeist nur die Zimtstangen oder gemahlenen Zimt. In vielen Kulturen wird aber aus den Zweigen und Blättern das dickflüssige scharfe Zimtöl destilliert. Dieses wird in der Parfümindustrie verwendet, aber auch für aphrodisische Zwecke eingesetzt. Ebenso wurde das Öl durch Aufstreichen auf die Genitalien zur erotischen Stimulation verwendet. Schon die alten Ägypter nutzten Zimt als Lustbringer. Im Harem der Sultane wurde ständig Tee mit Zimt aufgebrüht, um die Manneskraft des Sultans zu stärken. Jahrhundertelang war Zimt eines der kostbarsten und wertvollsten Gewürze. Die im Zimt enthaltenen Inhaltsstoffe regen die körpereigene Pheromonproduktion bei Männern und Frauen an.

Zwiebel *(Allium cepa)*

ist eine der ältesten kultivierten Pflanzen und ist, wie Knoblauch, nicht aus der aphrodisischen Küche wegzudenken. Im alten Ägypten war es Priestern untersagt, Zwiebeln zu essen. Aber auch bei uns war es in Klöstern jahrhundertelang verboten, Zwiebeln, in welcher Form auch immer, zu verzehren. Aus gutem Grund. Ihr Genuss heizt die Libido an und stärkt die Sexualorgane.

Kulinarische und literarische Verführungen

Machen Sie es wie Casanova und wecken Sie mit Ihren Kochkünsten erotische Begierden. Sei es nun für das erste kulinarische Rendezvous im Kerzenschein, Ihr Liebesmenü zum Valentinstag oder für einen Abend zu zweit bei einem Wiedersehen nach langer Zeit: Hier finden Sie passende Rezepte für jede Art des „Diner à deux". Sie brauchen kein Spitzenkoch zu sein, um mit kulinarischen Köstlichkeiten zu verführen. Haben Sie einfach Freude beim Kochen, um „Eine Portion Liebe" aufzutischen, und verkosten Sie gemeinsam aphrodisische Lebensmittel, um sich persönlich von ihrer Wirkung zu überzeugen. Martin Suter, Karl Kraus u.v.m. begleiten Sie zudem literarisch und helfen Ihnen dabei, auch mit Worten zu verführen. Ausgesuchte Stellen aus bekannten, aber auch weniger bekannten Werken der Weltliteratur sollen Ihrem erotischen Kulinarik-Erlebnis zum Höhepunkt verhelfen.

Vorspeisen

Champagnergelee mit Erdbeeren	**67**
Basilikum-Cocktail mit zweierlei Crostini	**68**
Aperitif mit Granatapfel und Garnelen	**73**
Mango-Kardamom-Bellini mit Speckpflaumen	**75**
Gegrillte Zucchini mit Feta und Granatapfel-Vinaigrette	**79**
Kartoffelnest mit Wachtelei	**80**
Selleriesalat mit Ananas und Honig-Senf-Sauce	**85**
Feigen auf Auberginen-Limetten-Püree	**86**
Gratinierter Spargel mit Ziegenkäse	**91**
Kürbis-Crème-brûlée mit knusprigen Jakobsmuscheln	**93**

Suppen

Grüne Petersilienwurzelsuppe mit Mandelblättchen **97**

Scharfe Tomatensuppe mit Melone und Papaya **98**

Champagnersuppe mit Safran **102**

Kokos-Ingwer-Suppe mit Jakobsmuscheln **105**

Hauptspeisen

Chilihuhn auf gedünstetem Fenchel **108**

Avocadorisotto mit gegrillten Riesengarnelen **110**

Miesmuscheln im Chorizo-Sud **114**

Rinderrouladen mit Chili, Basilikum und Mangopolenta **117**

Gebratener Lachs mit Safran-Mandel-Reis **120**

Linguine mit Artischocken und Räucherlachsstreifen **123**

Gebratene Kalmartuben mit Avocado-Mango-Tatar **127**

Pasta mit Wodka und Kaviar **129**

Desserts

Ananas-Kokos-Crumble **132**

Kalter Gewürz-Milchreis **135**

Schokotartelettes mit kandiertem Ingwer **138**

Granatapfel-Tiramisu **140**

Brownieküchlein mit Vanillecreme und karamellisierten Nüssen ... **145**

Mandelpudding mit Amarettosauce **147**

Karotten-Zimt-Naked-Cake mit Frischkäsecreme **150**

Mohnpudding mit Zwetschgenkompott **153**

Champagnergelee mit Erdbeeren

2 Personen, 30 Minuten ohne Kühlzeit

Gelatine in kaltem Wasser einweichen. Zucker mit 100 ml Wasser in einem kleinen Topf verrühren und in ca. 10 Minuten auf die Hälfte einkochen. Anschließend etwas abkühlen lassen und die Gelatine im warmen Sirup auflösen.

Erdbeeren putzen, in kleine Würfel schneiden und portionsweise in Gläser füllen.

Champagner bzw. Prosecco vorsichtig in den Sirup einrühren. (Achtung, nicht zu stark rühren, damit sich die Bläschen nicht auflösen.) Anschließend über die Erdbeeren gießen, abdecken und für 2–3 Stunden, besser über Nacht, kalt stellen.

Für das Topping Mascarpone, Joghurt, Puderzucker und Orangenschale mit dem Pürierstab schaumig mixen.

Champagnergelee mit Mascarponeschaum und Minze servieren.

Gelee
3 Blatt Gelatine
2 EL Zucker
150 g Erdbeeren
150 ml Champagner oder Prosecco

Topping
2 EL Mascarpone
3 EL Naturjoghurt
1 EL Puderzucker
1 TL abgeriebene Bio-Orangenschale
Minze zum Garnieren

Erdbeere, Champagner, Minze

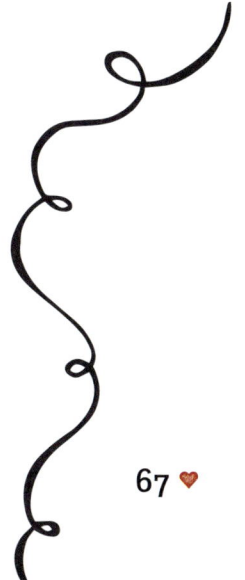

Basilikum-Cocktail mit zweierlei Crostini

2 Personen, 30 Minuten

Crostini mit Ziegenfrischkäse und Olivencreme
3 EL Olivenöl
4 Scheiben Ciabatta
2 eingelegte Sardellenfilets
60 g schwarze Oliven ohne Stein
½ EL Thymianblättchen,
grob gehackt plus
einige Blättchen zum Garnieren
1 Knoblauchzehe, fein gehackt
2 EL Kapern
150 g Ziegenfrischkäse
Meersalz
frisch gemahlener
schwarzer Pfeffer

Crostini mit Feta und Datteln
4 Scheiben Ciabatta
3 getrocknete Datteln ohne Stein
25 g Walnusskerne
150 g griechischer Joghurt
2 TL flüssiger Honig
2 TL Olivenöl
1 EL frische Rosmarinnadeln,
gehackt

Basilikum-Cocktail
1 Bund Basilikum
16 Eiswürfel
80 ml Wermut (z. B. Noilly Prat)
80 ml Tonic Water

Zuerst die zweierlei Crostini vorbereiten: 2 EL Olivenöl in einer großen Pfanne erhitzen. Sämtliche Ciabattascheiben darin von jeder Seite 1–2 Minuten rösten. Herausnehmen und auf Küchenpapier legen.

Für die Oliven-Crostini Sardellen abspülen, trocken tupfen und fein hacken. Sardellen, Oliven, Thymian, Knoblauch, Kapern und 1 EL Olivenöl fein pürieren. Mit Pfeffer und wenig Salz abschmecken. 4 geröstete Brotscheiben zuerst mit Ziegenfrischkäse, dann mit Olivencreme bestreichen und mit Thymian garnieren.

Für die Feta-Crostini Datteln in Scheiben schneiden, Nüsse grob hacken. Übrige Brotscheiben mit Joghurt bestreichen, mit Datteln und Nüssen bestreuen. Anschließend mit Honig und Olivenöl beträufeln und mit Rosmarinnadeln garnieren.

Für den Drink Basilikumblätter mit 8 Eiswürfeln und Wermut in einen Cocktail-Shaker geben und kräftig schütteln.

Übrige Eiswürfel in einen Gefrierbeutel geben und mit einem Nudelholz oder einem schweren Topf grob zerschlagen. Eis in Gläser füllen, mit Basilikum-Wermut übergießen und mit Tonic Water auffüllen. Basilikum-Cocktail mit den zuvor angerichteten Crostini servieren und genießen.

Basilikum, Knoblauch, Pfeffer, Honig, Rosmarin, Weizen, Fisch

Tipp: Für eine alkoholfreie Variante kann der Wermut durch Mineralwasser ersetzen werden.

Ich brannte vor Begierden, und ich schickte mich an, diese zu befriedigen, aber es bedurfte nur eines Kusses, um mich zu beruhigen, und der Worte: „Warte bis nach dem Essen!"

Giacomo Casanova: Geschichte meines Lebens, Band 2

Aperitif mit Granatapfel und Garnelen

2 Personen, 20 Minuten

Melone schälen, entkernen und in grobe Stücke schneiden. In ein hohes Gefäß geben und fein pürieren. Granatapfelsirup und Zitronensaft unterrühren. Bis zum Servieren kalt stellen.

Garnelen kalt abwaschen und trocken tupfen. Olivenöl in einer Pfanne erhitzen. Garnelen mit Salz und Pfeffer würzen und von beiden Seiten scharf anbraten – sie sollten innen noch glasig sein.

Garnelen auf kleinen Tellern anrichten, mit Basilikum und Granatapfelkernen garnieren und mit Olivenöl beträufeln.

Melonenpüree in Gläser füllen und mit Prosecco aufgießen. Aperitif gemeinsam mit den Garnelen servieren.

½ kalte Honigmelone
1 EL Granatapfelsirup
2 EL Zitronensaft
6 mittelgroße Garnelen
ohne Kopf und Schale, entdarmt
2 EL Olivenöl plus
Öl zum Beträufeln
1 EL Granatapfelkerne
100 ml eiskalter Prosecco
Meersalz
frisch gemahlener
schwarzer Pfeffer
Basilikum zum Garnieren

 Melone, Basilikum, Granatapfel, Pfeffer

Mango-Kardamom-Bellini mit Speckpflaumen

2 Personen, 30 Minuten

Für den Mango-Kardamom-Bellini Mango schälen, das Fruchtfleisch vom Kern schneiden und grob würfeln. Mit Limettensaft und Gewürzen in ein hohes Gefäß geben und pürieren. Anschließend kalt stellen.

Für die Pflaumen Backofen auf 220 °C Ober-/Unterhitze vorheizen. Chutney, Senf, 1 Prise Cayennepfeffer sowie Salz und Pfeffer nach Geschmack in einer Schale verrühren.

Jede Pflaume längs einschneiden und etwas von der Chutney-Mischung hineinfüllen. Je 1 Speckscheibe um die Pflaumen wickeln und mit Zahnstochern feststecken.

Pflaumen in eine ofenfeste Form legen und 10–12 Minuten im Backofen rösten, bis der Speck knusprig ist. Nach der Hälfte der Zeit wenden.

Brot toasten und mit einer kleinen Ausstechform aus dem Inneren jeder Scheibe 4 Kreise ausstechen; diese anschließend mit Butter bestreichen. Auf jedes Brotstück eine eingewickelte Pflaume setzen.

Canapés mit etwas Cayennepfeffer würzen und mit der übrigen Chutney-Mischung garnieren.

Eiswürfel auf Gläser verteilen, das gekühlte Mangopüree hinzugeben und mit Prosecco auffüllen. Gemeinsam mit den Canapés servieren und genießen.

Mango, Kardamom, Cayennepfeffer, Pfeffer, Weizen

Mango-Kardamom-Bellini
1 reife Mango
Saft einer Limette
½ TL Kardamomsamen, zerstoßen
½ TL schwarze Pfefferkörner, zerstoßen
200 ml Prosecco
Eiswürfel

Pflaumen im Speckmantel
2 EL Mango-Chutney
½ TL scharfer Senf
8 Trockenpflaumen ohne Stein
8 Scheiben durchwachsener Speck
2 Scheiben Toastbrot
etwas weiche Butter
Cayennepfeffer
Meersalz
frisch gemahlener schwarzer Pfeffer

Honig triefen deine Lippen, meine Braut, unter deiner Zunge sind Honig und Milch, deiner Kleider Geruch wie der Ruch Libanons. Schwester, liebe Braut, ein verschlossner Garten bist du, eine verschlossne Quelle, ein versiegelter Born. Dein Gewächse ein Lustgarten Granatbäume mit der Würzfrucht. Cypern mit Narden, Narden und Saffran, Calmus und Cynnamen, allerley Weyrauch Bäume, Myrrhen und Aloe und all die trefflichsten Würzen. Wie ein Garten Brunn, ein Born lebendiger Wasser, Bäche vom Libanon. Hebe dich, Nordwind, komm, Südwind,

durchwehe meinen Garten, daß seine Würze triefen. Er komme in seinen Garten mein Freund und esse die Frucht seiner Würze! Schwester, liebe Braut, ich kam zu meinem Garten, brach ab meine Myrrhen, meine Würze. Als meinen Seim, meinen Honig, Tranck meinen Wein, meine Milch.

Das Lied Salomos in der Übersetzung von Johann Wolfgang von Goethe (1775)

Gegrillte Zucchini mit Feta und Granatapfel-Vinaigrette

2 Personen, 20 Minuten

Für die Vinaigrette Öl, Granatapfelsirup und gehackten Koriander verrühren und mit Salz und Pfeffer würzen. Feta mit einer Gabel zerdrücken. Beides bis zum Servieren beiseitestellen.

Zucchini von den Enden befreien und mithilfe eines Sparschälers der Länge nach in dünne Scheiben schneiden. Eine Pfanne erhitzen. Zucchinischeiben mit Öl einpinseln, mit Salz und Pfeffer würzen und von beiden Seiten bei starker Hitze braten.

Zucchini mit Frühlingszwiebeln und Feta auf einer Servierplatte anrichten und mit der Vinaigrette beträufeln. Mit Granatapfelkernen bestreuen, mit Koriander garnieren und servieren.

3 EL Olivenöl
plus Öl zum Einpinseln
2 EL Granatapfelsirup
1 Zweig Koriander, gehackt
plus Koriander zum Garnieren
50 g Feta
1 große Zucchini
1 Frühlingszwiebel,
in feine Ringe geschnitten
1 EL Granatapfelkerne
zum Garnieren
Meersalz
frisch gemahlener
schwarzer Pfeffer

Koriander, Zwiebel, Granatapfel, Pfeffer

Kartoffelnest mit Wachtelei

2 Personen, 35 Minuten ohne Kühlzeit

400 g mehlige Kartoffeln
2 EL Butter
1 Schalotte,
fein gewürfelt
100 g Babyspinat
2 EL Sahne
4 Wachteleier
2 EL Crème fraîche
Meersalz
frisch gemahlener
schwarzer Pfeffer
frisch geriebene Muskatnuss

Kartoffeln schälen und je nach Größe halbieren. In Salzwasser etwa 20 Minuten weich kochen.

In der Zwischenzeit 1 EL Butter in einem Topf erhitzen und die Schalotte darin glasig dünsten. Spinat dazugeben, kurz durchschwenken, mit Sahne ablöschen und mit Salz, Pfeffer und Muskatnuss würzen.

Übrige Butter in einer Pfanne erhitzen. Wachteleier in die Pfanne schlagen und zu kleinen Spiegeleiern braten, anschließend leicht salzen. Pfanne vom Herd nehmen.

Kartoffeln abgießen und sofort durch eine Kartoffelpresse auf vorgewärmte Teller drücken.

Das Kartoffelnest mit Spinat, Wachteleiern und Crème fraîche anrichten, mit Salz und Pfeffer würzen und servieren.

Kartoffel, Schalotte, Pfeffer, Muskatnuss

Tipp: Das Gericht kann mit Kaviar verfeinert werden.

„Zwei Menschen können einen Lammbraten nach ein und demselben Rezept zubereiten, und es schmeckt trotzdem ganz anders – bei dem einen gelungen und raffiniert, bei dem anderen langweilig und zäh. Es ist wie mit der Liebe. Kommt nicht von Herzen, was wir tun, ist auch der Koch nur ein schlechter Schauspieler, und alles, was er anrichtet, bleibt Routine und seelenlos. Im Grunde ist nicht entscheidend ob Sie Couscous zubereiten oder eine Gemüsesuppe", erklärt Amina, „entscheidend ist, dass Sie einen Teil von sich selbst geben. Ihre Seele öffnen für andere."

Michael Lüders: Aminas Restaurant – Ein modernes Märchen

Selleriesalat mit Ananas und Honig-Senf-Sauce

2 Personen, 20 Minuten

Sellerie schälen. Sofort in Zitronenwasser einlegen, damit er sich nicht verfärbt. Apfel schälen und entkernen und ebenfalls in das Zitronenwasser legen.

Anschließend zuerst den Apfel, dann den Sellerie in eine Schüssel reiben und mit 2–3 EL Zitronensaft vermengen. Ananas schälen, vom Strunk befreien, würfeln und untermischen.

Für die Sauce Senf, Mayonnaise, Honig und saure Sahne miteinander verrühren. Bei Bedarf mit ein wenig Wasser strecken. Sauce gut mit Sellerie, Apfel und Ananas vermengen und den Salat mit Salz, Pfeffer und Tabasco abschmecken.

Selleriesalat in kleinen Schüsseln oder Schälchen anrichten und servieren.

½ Sellerieknolle
Saft einer Zitrone plus weitere 2–3 EL Zitronensaft für den Salat
1 Apfel
¼ Ananas
1 TL französischer grobkörniger Senf
2 ½ EL Mayonnaise
1 EL Honig
2 EL saure Sahne
Meersalz
frisch gemahlener schwarzer Pfeffer
Tabasco

Sellerie, Honig, Ananas, Pfeffer

Feigen auf Auberginen-Limetten-Püree

2 Personen, 30 Minuten

1 kleine Aubergine
Saft von 3 Limetten
2 EL Olivenöl
1 Schalotte, fein gewürfelt
1 TL Honig
1 Knoblauchzehe, fein gehackt
2 Feigen
2 EL Butter
100 g Ziegenfrischkäse
1 Handvoll frische Minze, in feine Streifen geschnitten
3 EL Walnüsse, gehackt
Meersalz
Cayennepfeffer

Aubergine schälen, in kleine Würfel schneiden und mit Limettensaft und Salz vermischen, damit sie nicht braun wird.

Olivenöl in einem Topf erhitzen. Schalotte darin mit Honig leicht karamellisieren, danach die Auberginenwürfel samt Limettensaft sowie den Knoblauch beifügen und ca. 15 Minuten weich dünsten. Anschließend pürieren, mit Salz und Cayennepfeffer abschmecken und warm stellen.

Stielansatz der Feigen entfernen und die Früchte vierteln. Butter in einem Topf zerlassen und die Feigenstücke hineingeben. Topf gut rütteln, damit alle Stücke mit Butter überzogen sind. Feigen kurz bräunen lassen, anschließend vom Herd nehmen.

Ziegenfrischkäse mit einer Gabel zerdrücken. Auberginenpüree und Feigen in vorgewärmten Schüsseln anrichten, mit Käse, Minze und Walnüssen abrunden und sofort servieren.

Schalotte, Knoblauch, Honig, Feige, Minze, Cayennepfeffer

Aus einem Brei aus Sali-Reis und Milch extrahierte er die Flüssigkeit und vermischte sie mit Kichererbsenmehl und Zucker zu einer dickflüssigen Paste, die er mit Mandeln, Sultaninen, Datteln, gemahlenen Ingwer und Pfeffer zu einem Teig verarbeitete, aus dem er Herzchen ausstach, buk und mit rotem Fondant glasierte. Er hatte getrocknete Spargel eingeweicht, sie mit dem Stabmixer püriert und im Rotationsverdampfer die Essenz daraus gewonnen. Diese hatte er mit Ghee und Algin vermischt, und als die Mischung am Eindicken war, hatte er sie zu kleinen Spargeln geformt, deren Spitzen er mit Chlorophyll grün färbte. Aus dem gängigsten ayurvedischen Mittel zur Lusterregung, einer einfachen Mischung aus gemahlener Lakritze, Ghee und Honig, hatte er Eislutscher gemacht, indem er sie zu Plätzchen geformt, mit einem Holzspieß versehen, mit Pistaziensplittern dekoriert und tiefgefroren hatte.

Martin Suter: Der Koch

Gratinierter Spargel mit Ziegenkäse

2 Personen, 30 Minuten

Backofen auf 220 °C Ober-/Unterhitze vorheizen.

Spargel von den holzigen Enden befreien, anschließend je einmal längs und quer halbieren. In kochendem Salzwasser kurz blanchieren, mit einer Schaumkelle herausheben und mit kaltem Wasser abschrecken.

Spargel in einer Schüssel mit 3 EL Olivenöl und dem Zitronensaft mischen. Mit Salz, Pfeffer und Zucker würzen. Ziegenkäserolle längs halbieren und in Scheiben schneiden. Spargel mit dem Käse in ofenfeste kleine Schalen verteilen. Im vorgeheizten Backofen auf mittlerer Schiene 10 Minuten backen.

Inzwischen Baguette grob würfeln und mit der Fenchelsaat vermischen. 2 EL Olivenöl in einer Pfanne erhitzen und die Fenchelcroûtons darin goldbraun rösten. Gratinierten Spargel mit dem übrigen Olivenöl beträufeln, mit den Croûtons bestreuen und sofort servieren.

200 g grüner Spargel
6 EL Olivenöl
2 TL Zitronensaft
1 Prise Zucker
100 g französische Ziegenkäserolle
½ Baguette vom Vortag
1 TL Fenchelsaat
Meersalz
frisch gemahlener schwarzer Pfeffer

Spargel, Fenchel, Pfeffer, Weizen

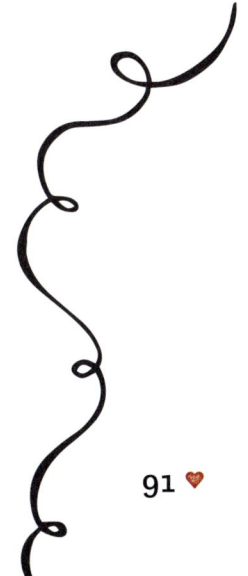

Kürbis-Crème-brûlée mit knusprigen Jakobsmuscheln

2 Personen, 75 Minuten

Backofen auf 170 °C Ober-/Unterhitze vorheizen.

Kürbis ungeschält zerteilen, entkernen und grob raspeln. Butter in einem breiten Topf schmelzen, Ingwer und Kürbis darin bei starker Hitze kurz andünsten. Orangensaft zugeben und 8–10 Minuten zugedeckt garen. Mit Salz, Pfeffer und Muskat würzen.

Crème fraîche, Sahne, Eigelb und Kürbiskernöl verquirlen. Salzen und pfeffern. Kürbis zugeben, fein pürieren und durch ein feines Sieb streichen.

Masse in 2 flache feuerfeste Formen (150 ml Füllmenge) füllen und in eine Auflaufform stellen. Heißes Wasser bis knapp unter den Rand der Formen angießen. In der Mitte des Ofens 40 Minuten stocken lassen. Herausnehmen und abkühlen lassen.

Brot entrinden und mit Petersilie, Nüssen und Curry in einem Blitzhacker zu feinen Bröseln mahlen. Ei verquirlen. Jakobsmuscheln in Mehl wenden, dann durch das Ei ziehen. Anschließend in den Bröseln wenden und die Brösel leicht andrücken.

Reichlich Öl in einer Pfanne erhitzen und die Jakobsmuscheln darin 2 Minuten goldbraun ausbacken. Auf Küchenpapier abtropfen lassen. Anschließend halbieren und auf Holzspieße stecken.

Kürbiscreme mit je 1 EL Zucker bestreuen und mit einem Crème-brûlée-Brenner goldbraun abflämmen. Mit den Jakobsmuscheln servieren.

Kürbis, Ingwer, Pfeffer, Petersilie, Muschel, Weizen, Muskatnuss

Kürbis-Crème-brûlée
150 g Hokkaido-Kürbis
2 EL Butter
2 cm frischer Ingwer, fein gewürfelt
50 ml Orangensaft
2 EL Crème fraîche
100 ml Sahne
3 Eigelb
2 EL Kürbiskernöl
2 EL Zucker
Meersalz
frisch gemahlener schwarzer Pfeffer
frisch geriebene Muskatnuss

Knusprige Jakobsmuscheln
2 Scheiben Toastbrot
2 Zweige glatte Petersilie, grob geschnitten
15 g gesalzene Erdnüsse
½ TL Currypulver
1 Ei
4 geputzte Jakobsmuscheln
1 EL Mehl
Öl zum Ausbacken

Wie manche, die am Hals des Freundes hängt, Sagt wohl das Wort: sie lieb ihn, o so sehr, Dass sie vor Liebe gleich ihn essen könnte …

Heinrich von Kleist: Penthesilea

Grüne Petersilienwurzelsuppe mit Mandelblättchen

2 Personen, 40 Minuten

Petersilienwurzeln schälen und quer in ca. ½ cm dicke Scheiben schneiden. Butter in einem Topf schmelzen und die Schalotte darin bei mittlerer Hitze glasig dünsten. Dann die Petersilienwurzeln zugeben und weitere 2 Minuten dünsten.

Gemüse mit Weißwein ablöschen. Fond angießen, etwas salzen und pfeffern und das Gemüse zugedeckt bei mittlerer Hitze 15–20 Minuten garen.

Inzwischen Mandelblättchen in einer Pfanne ohne Fett hellbraun rösten und beiseitestellen.

Sahne zu den fertig gegarten Petersilienwurzeln gießen, Petersilie dazugeben und mit dem Pürierstab sehr fein mixen, bis die Suppe eine kräftig hellgrüne Farbe hat. Suppe nochmals kurz aufkochen und mit Salz, Pfeffer, Senf, Zitronensaft und etwas Muskat abschmecken.

Suppe in tiefen Tellern anrichten, mit gerösteten Mandeln bestreuen und servieren.

♥
200 g Petersilienwurzeln
2 EL Butter
1 kleine Schalotte, fein gewürfelt
50 ml Weißwein
400 ml Gemüsefond
2 EL Mandelblättchen
100 ml Sahne
2 Zweige glatte Petersilie, grob geschnitten
1 TL Dijonsenf
1 EL Zitronensaft
Meersalz
frisch gemahlener schwarzer Pfeffer
frisch geriebene Muskatnuss

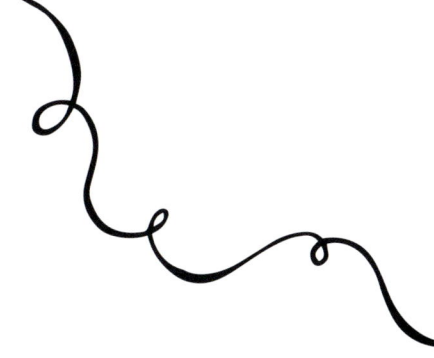

Schalotte, Petersilie, Muskatnuss, Pfeffer, Wein

Scharfe Tomatensuppe mit Melone und Papaya

2 Personen, 45 Minuten

Suppe
2 EL Olivenöl
1 kleine Zwiebel, fein gewürfelt
1 TL brauner Zucker
1 TL Tomatenmark
400 g Tomaten aus der Dose
400 ml Gemüsefond
½ grüne Chilischote
1 EL Gin
1 EL Crème fraîche
1 EL Milch
Meersalz
frisch gemahlener schwarzer Pfeffer

Fruchtspieße
½ Honigmelone
½ Papaya
4 Kirschtomaten
1 Packung Mini-Mozzarellakugeln
Olivenöl zum Beträufeln
Meersalz
frisch gemahlener schwarzer Pfeffer

Olivenöl in einem Topf erhitzen und die Zwiebelwürfel darin glasig dünsten. Zucker und Tomatenmark dazugeben, kurz anrösten, dann mit Tomaten und Gemüsefond ablöschen. Aufkochen und 20 Minuten bei geringer Hitze köcheln lassen.

Chilischote entkernen und fein schneiden. Suppe fein pürieren und mit Chili, Gin, Meersalz und Pfeffer abschmecken. Warm halten.

Melone und Papaya entkernen. Mit einem Kugelausstecher Kügelchen aus dem Fruchtfleisch auslösen. Kirschtomaten halbieren. Abwechselnd Melone, Papaya, Mozzarella und Kirschtomaten auf Holzspieße stecken. Mit Meersalz und Pfeffer würzen und mit etwas Olivenöl beträufeln.

Crème fraîche mit Milch glatt rühren. Suppe in vorgewärmten Schälchen portionieren und mit den Spießen anrichten. Mit Crème fraîche garnieren und servieren.

 Zwiebel, Tomate, Chili, Pfeffer, Melone

 Die Feinschmeckerei trat auf, als sie notwendig wurde. Alle Schwestern kamen ihr entgegen und machten Platz. Was ließe sich auch einer Wissenschaft verweigern, die uns erhält von der Wiege bis zum Grabe, die die Wonnen der Liebe erhöht und das Vertrauen der Freundschaft, die den Haß entwaffnet, die Geschäfte erleichtert und uns auf

dieser kurzen Bahn des Lebens den einzigen Genuß entbietet, der, statt zu ermüden, uns noch nach allen anderen erfrischt.

Jean-Anthelme Brillat-Savrain: Physiologie des Geschmacks oder die Betrachtungen über das höhere Tafelvergnügen

Champagnersuppe mit Safran

2 Personen, 45 Minuten

2 Karotten
2 kleine mehlige Kartoffeln
2 EL Butter
1 Schalotte, fein gewürfelt
2 cm frischer Ingwer, fein gewürfelt
200 ml Champagner
300 ml Gemüsefond
1 g Safranfäden
100 ml Sahne
Meersalz
frisch gemahlener schwarzer Pfeffer

Karotten und Kartoffeln schälen und in kleine Stücke schneiden. Butter in einem Topf erhitzen. Schalotte und Ingwer darin bei mittlerer Hitze glasig dünsten. Karotten und Kartoffeln zugeben und einige Minuten mitdünsten.

Mit Champagner ablöschen, aufkochen und die Flüssigkeit auf die Hälfte reduzieren lassen. Anschließend mit Fond auffüllen, etwas salzen und pfeffern und zugedeckt bei mittlerer Hitze 15–20 Minuten garen, bis das Gemüse weich ist.

Suppe mit dem Pürierstab sehr fein mixen. Anschließend Safran hinzugeben und in der Flüssigkeit unter Rühren auflösen. Sahne zur Suppe gießen, gut unterrühren und mit Salz und Pfeffer abschmecken.

Suppe in vorgewärmten Schälchen anrichten und servieren.

Schalotte, Kartoffel, Champagner, Safran, Pfeffer, Karotte, Ingwer

Tipp: Wer der Suppe mehr Schärfe verleihen möchte, verwendet scharfe Currypaste.

Kokos-Ingwer-Suppe mit Jakobsmuscheln

2 Personen, 30 Minuten

Zitronengras mit der Hand andrücken, anschließend grob zerkleinern. Zucker und Currypaste in einem Topf erhitzen. Zitronengras und Kaffirlimettenblätter dazugeben, mit Kokosmilch und Gemüsefond ablöschen, aufkochen und 15 Minuten bei geringer Hitze köcheln lassen.

Inzwischen Champignons und Zuckerschoten putzen. Champignons in feine Scheiben, Zuckerschoten in Rauten schneiden. Maiskolben ebenfalls in Scheiben schneiden.

Kokossuppe durch ein feines Sieb in einen zweiten Topf abgießen und mit dem Pürierstab schaumig mixen. Das klein geschnittene Gemüse einlegen und bei geringer Hitze 5 Minuten garen. Erst jetzt die Suppe mit Ingwer, Fischsauce und Limettensaft würzen und leicht salzen. Warm halten.

Pflanzenöl in einer Pfanne erhitzen und die Jakobsmuscheln darin auf jeder Seite kurz anbraten, bis sie Farbe annehmen. Pfanne vom Herd nehmen und die Muscheln mit Meersalz würzen.

Kokossuppe mit Jakobsmuscheln und Kräutern in vorgewärmten Suppenschalen anrichten und servieren.

Ingwer, Muschel, Koriander, Minze

- 1 Stängel Zitronengras
- 1 TL Zucker
- ½ TL rote Currypaste
- 2–3 getrocknete Kaffirlimettenblätter
- 400 ml Kokosmilch
- 300 ml Gemüsefond
- 1 Handvoll Champignons
- 1 Handvoll Zuckerschoten
- 3 eingelegte Babymaiskolben
- 2 cm frischer Ingwer, fein gewürfelt
- 1 EL Fischsauce
- 1 EL Limettensaft
- 1 EL Pflanzenöl
- 4 Jakobsmuscheln, geputzt
- 1 Zweig Koriander, gehackt
- 1 Handvoll frische Minze, gehackt
- Meersalz

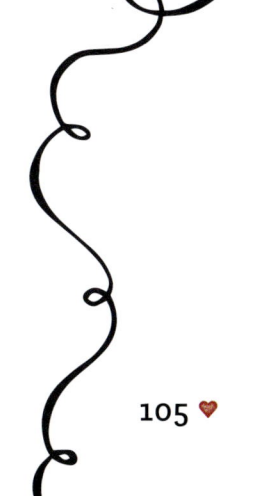

Jeder zieht in einem bestimmten Maße Lust aus der Tafel, dem Wein und der Liebe; aber nicht alle tun es, wie es sich ziemt.

Aristoteles: Nikomachische Ethik

Chilihuhn auf gedünstetem Fenchel

2 Personen, 40 Minuten

2 kleine runde Fenchelknollen
3 EL Olivenöl
1 EL Butter
1 TL Fenchelsamen, fein gemörsert
1 TL Honig
100 ml Gemüsefond
2 Hühnerbrüste
6 Salbeiblätter
1 kleine rote Chilischote
3 EL frisch geriebener Parmesan
Meersalz
frisch gemahlener schwarzer Pfeffer

Fenchel putzen, anschließend senkrecht in 1 cm dicke Scheiben schneiden. Dabei darauf achten, dass die Scheiben am Wurzelansatz noch zusammenhalten.

In einer Pfanne 1 EL Olivenöl und Butter erwärmen, die Fenchelscheiben darin bei mittlerer Hitze braten, bis sie goldbraun sind. Mit Fenchelsamen, Salz und Pfeffer würzen, anschließend Honig dazugeben und karamellisieren.

Fenchel mit Gemüsefond ablöschen und zugedeckt ca. 25 Minuten garen. Fenchelscheiben gelegentlich wenden, falls nötig, etwas Wasser hinzufügen.

In der Zwischenzeit die Hühnerbrüste kalt abwaschen und trocken tupfen. Jedes Fleischstück dreimal einschneiden und mit den Salbeiblättern spicken. Von beiden Seiten mit Salz und Pfeffer würzen. Chilischote entkernen und würfeln.

2 EL Olivenöl in einer zweiten Pfanne erhitzen, die Hühnerbrüste darin von beiden Seiten scharf anbraten, anschließend bei mittlerer Hitze jeweils ca. 8 Minuten von beiden Seiten garen. Die Chiliwürfel kurz vor Garende dazugeben.

Gedünsteten Fenchel auf vorgewärmten Tellern anrichten und mit Parmesan bestreuen. Das Chilihuhn daraufsetzen und sofort servieren.

Fenchel, Honig, Geflügel, Chili, Pfeffer

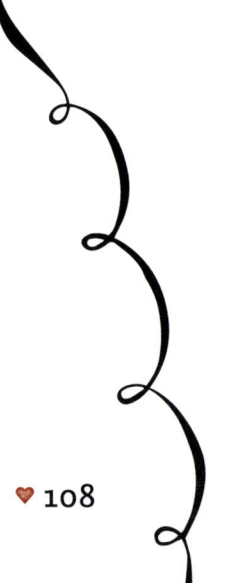

Avocadorisotto mit gegrillten Riesengarnelen

2 Personen, 50 Minuten

2 reife Avocados
Saft einer halben Zitrone
1 Knoblauchzehe,
fein gehackt
400 ml Gemüsefond
3 EL Butter
5 EL Olivenöl
1 kleine Schalotte,
fein gewürfelt
150 g Risottoreis
75 ml Weißwein
4 EL frisch geriebener
Parmesan
4 Riesengarnelen
ohne Kopf und Schale, entdarmt
Meersalz
frisch gemahlener
schwarzer Pfeffer

Avocados halbieren, entsteinen und das Fruchtfleisch aus der Schale lösen. Fruchtfleisch in Würfel schneiden, mit Zitronensaft beträufeln, salzen und pfeffern. Knoblauch vorsichtig unterrühren und beiseitestellen.

Gemüsefond erhitzen und bereitstellen. In einem Topf 1 EL Butter mit 3 EL Olivenöl erwärmen, die Schalottenwürfel dazugeben und glasig anschwitzen. Anschließend Risottoreis hinzufügen und unter Rühren glasig werden lassen. Mit Weißwein ablöschen, den Alkohol verdampfen lassen und etwas Gemüsefond angießen. Nun das Risotto ständig rühren und nach und nach Fond angießen. Dabei vor der erneuten Zugabe von Fond warten, bis die Flüssigkeit vom Reis aufgenommen wurde. Diesen Vorgang so lange wiederholen, bis der Reis gar, aber noch bissfest ist; das dauert ca. 25–30 Minuten.

Topf vom Herd nehmen. 2 EL Butter, Parmesan und ¾ der Avocadowürfel vorsichtig unter den Reis mengen, jedoch nicht weiterrühren. Mit Salz und Pfeffer abschmecken und zugedeckt ruhen lassen.

2 EL Olivenöl in einer Pfanne erhitzen. Riesengarnelen mit Salz und Pfeffer würzen und von beiden Seiten scharf anbraten; sie sollten innen noch glasig sein.

Risotto vor dem Servieren nochmals vorsichtig umrühren. Mithilfe eines Servierrings anrichten, je 2 Garnelen daraufsetzen und mit den restlichen Avocadowürfeln garnieren.

Avocado, Knoblauch, Reis, Pfeffer, Wein, Schalotte

Da der erste Gang noch auf sich warten liess, tranken sie von Zeit zu Zeit einen Schluck Champagner und knabberten an den Krusten, die sie von den kleinen runden Brötchen abbrachen. Der Gedanke an die Liebe nahm langsam Besitz von ihnen und berauschte nach und nach ihr Herz, wie der Tropfen um Tropfen durch ihre Kehle rieselnde Wein ihr Blut erhitzte und ihre Sinne verwirrte.

Guy de Maupassant: Bel Ami

Miesmuscheln im Chorizo-Sud

2 Personen, 45 Minuten

1 kg Miesmuscheln
150 g Chorizo picante
6 EL Olivenöl
1 Schalotte,
fein gewürfelt
2 Knoblauchzehen,
fein gehackt
125 ml Sherry (medium)
½ Bund glatte Petersilie,
gehackt
½ Bund Koriander,
gehackt
½ Baguette

Muscheln in kaltem Wasser waschen und den Bart entfernen. Beschädigte Muscheln und solche, die sich auf Druck nicht schließen, aussortieren, alle übrigen in einem Sieb abtropfen lassen.

Chorizo schälen und würfeln. Öl in einem großen Topf erhitzen. Schalotte und Knoblauch darin bei mittlerer Hitze glasig dünsten. Anschließend Chorizo dazugeben und weitere 3 Minuten unter Rühren dünsten.

Sherry angießen und bei starker Hitze aufkochen lassen. Muscheln hinzufügen und zugedeckt erneut aufkochen. Hitze auf die mittlere Stufe reduzieren und die Muscheln 5–10 Minuten garen, den Topf dabei gelegentlich rütteln.

Petersilie und Koriander unter die Muscheln mischen. In tiefen Tellern oder Schüsseln anrichten und mit Baguette servieren. Ungeöffnete Muscheln aussortieren.

Muschel, Schalotte, Knoblauch, Petersilie, Koriander, Weizen

Rinderrouladen mit Chili, Basilikum und Mangopolenta

2 Personen, 60 Minuten

Knoblauch, Ingwer und Pfefferkörner in einem Mörser zerstoßen und mit Sesamöl, Zitronensaft und Sojasauce zu einer Marinade vermischen.

Chilischoten entkernen und in feine Streifen schneiden. Rinderschnitzel mit Basilikum (einige Blätter zum Garnieren aufheben) und Chili belegen, zusammenrollen und mit Zahnstochern oder Küchengarn fixieren. Rouladen mit der Marinade bestreichen und gut 20 Minuten ziehen lassen. Backofen auf 120 °C Ober-/Unterhitze vorheizen.

Olivenöl in einer Pfanne erhitzen und die Rinderrouladen darin anbraten, bis sie Farbe genommen haben. Anschließend 30 Minuten im Backofen ziehen lassen.

Während die Rouladen garen, Mango schälen, das Fruchtfleisch vom Stein schneiden und fein würfeln. Die Hälfte der Mangowürfel mit der Kokosmilch pürieren, die andere Hälfte für die Garnitur beiseitestellen.

Mangopüree mit den übrigen Zutaten für die Polenta in einem Topf vermischen und zum Kochen bringen. Unter Rühren garen, bis die Polenta weich ist, gegebenenfalls mit etwas Wasser strecken. Anschließend mit Salz abschmecken.

Rouladen aus dem Ofen nehmen und in Scheiben schneiden. Polenta mit den Rouladenscheiben anrichten und mit Mangowürfeln und den übrigen Basilikumblättern garnieren. Sofort servieren.

Knoblauch, Ingwer, Pfeffer, Chili, Basilikum, Mango

Rouladen
1 Knoblauchzehe, fein gehackt
2 cm frischer Ingwer, fein gewürfelt
1 TL schwarze Pfefferkörner
4 EL Sesamöl
1 EL Zitronensaft
1 TL Sojasauce
2 milde Chilischoten
2 dünne Rinderschnitzel
1 Handvoll frische Basilikumblätter
1 Schuss Olivenöl

Mangopolenta
1 reife Mango
50 ml Kokosmilch
1 EL Fischsauce
1 EL Zitronensaft
1 EL Sushi-Essig
2 EL Sonnenblumenöl
100 g Polenta
Meersalz

Der Geschmack hat viel größeren Anteil an der Sexualität, als die Puritaner wünschen mögen. Die Haut, die Körperfalten und die Absonderungen haben starke und bestimmte Geschmäcker so persönlich wie der Geruch. Wir kennen wenige davon, weil wir die Gewohnheit verloren haben, uns gegenseitig zu belecken und zu beschnüffeln. Ich erinnere mich heute noch an den Geschmack nach Kaugummi, Tabak und Bier meines ersten Kusses vor genau vierzig Jahren, wenn ich auch das Gesicht des amerikanischen Matrosen, der mich küßte, völlig vergessen habe. Den Geschmackssinn kultiviert man, wie man das Gehör für den Jazz kultiviert.

Isabelle Allende: Aphrodite – Eine Feier der Sinne

Gebratener Lachs mit Safran-Mandel-Reis

2 Personen, 40 Minuten

♥

1 g Safranfäden
2 EL Rosinen
150 g Basmatireis
2 EL Butter
2 EL Mandelblättchen
1 Prise Kardamompulver
2 Lachsfilets
2 EL Olivenöl
150 ml Naturjoghurt
Schalenabrieb einer Bio-Zitrone
1 Handvoll
frische Minze, gehackt
Meersalz
frisch gemahlener
schwarzer Pfeffer

Safranfäden zwischen den Fingern zerreiben und mit 300 ml Wasser und den Rosinen verrühren. So lange ziehen lassen, bis sich das Wasser kräftig orange gefärbt hat.

Reis in einem Sieb kalt abspülen, anschließend mit dem Safran-Rosinen-Wasser, Butter und etwas Salz in einem Topf aufkochen. Zugedeckt bei schwacher Hitze ca. 15 Minuten bissfest ausquellen lassen.

Mandelblättchen in einer Pfanne ohne Fett rösten und unter den Safranreis mischen. Mit Salz, Pfeffer und Kardamom verfeinern und zugedeckt beiseitestellen.

Lachsfilets mit Küchenpapier trocken tupfen. In einer Pfanne Olivenöl erhitzen und den Lachs darin scharf anbraten. Mehrmals wenden, bis die Filets rundum Farbe genommen haben, aber innen noch schön rosa sind. Pfanne vom Herd nehmen, Lachs kurz ruhen lassen, dann salzen.

Naturjoghurt mit Zitronenabrieb, Minze und etwas Salz vermischen.

Reis und Lachsfilet auf vorgewärmten Tellern anrichten, mit der Joghurtsauce servieren und genießen.

♥ Safran, Reis, Kardamom, Pfeffer, Fisch, Minze

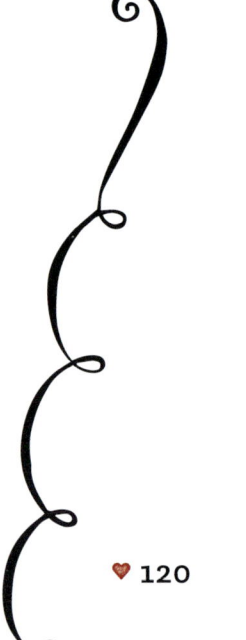

Linguine mit Artischocken und Räucherlachsstreifen

2 Personen, 35 Minuten

Geflügelfond erwärmen. Wermut, saure Sahne, Zitronensaft und Zitronenschale hinzugeben und einmal aufkochen lassen.

Artischockenherzen in kleine Würfel schneiden und zur Sauce geben. Einen Teil der Schnittlauchröllchen hinzufügen, den Rest zum Garnieren zurückhalten. Sauce mit Parmesan, Salz und Pfeffer abschmecken. Warm halten.

Linguine nach Packungsanleitung in reichlich Salzwasser kochen, anschließend abgießen und mit der Artischockensauce vermengen. Kurz ziehen lassen.

Lachs in Streifen schneiden.
Pasta mit Räucherlachs und Schnittlauch anrichten und servieren.

♥

100 ml Geflügelfond
2 EL Wermut (z. B. Noilly Prat)
3 EL saure Sahne
1 EL Zitronensaft
Schalenabrieb einer Bio-Zitrone
5 eingelegte Artischockenherzen
1 Bund Schnittlauch, in feine Röllchen geschnitten
3 EL frisch geriebener Parmesan
250 g Linguine
100 g Räucherlachs
Meersalz
frisch gemahlener schwarzer Pfeffer

Weizen, Artischocke, Fisch, Pfeffer

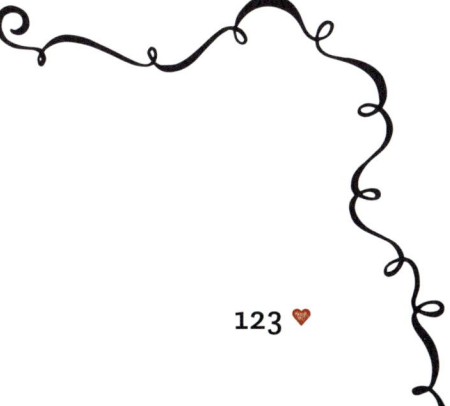

Ich liege hingegossen auf dem Tisch, mein nacktes Fleisch auf dem kühlen, zärtlichen Eichenholz. Hintern und Schenkel prall. Diese Nacht ist der Höhepunkt, die letzte Unterrichtsstunde. Im Licht der Kerzen strecke ich mich aus und sehe dem Engländer zu, wie er am anderen Ende der Küche vorsichtig durch den Schatten gleitet, das

Klappern der Pfannen gelegentlich von den Geräuschen der Sommernacht untermalt, dem Summen eines Moskitos, dem Geschrei eines Maultiers.

Liliy Prior: La Cucina Siciliana oder Rosas Erwachen

Gebratene Kalmartuben mit Avocado-Mango-Tatar

2 Personen, 40 Minuten

Ei, Sonnenblumenöl, 1 Prise Salz, 1 EL Zitronensaft und Senf in ein hohes Gefäß geben. Mit einem Pürierstab so lange mixen, bis eine dickcremige Sauce entstanden ist. Tabasco, Worcestershiresauce, Tomatenmark und -ketchup untermischen und mit Salz und Pfeffer abschmecken.

Mango schälen, das Fruchtfleisch vom Stein schneiden und in 1 cm große Würfel schneiden. Avocado halbieren, den Stein entfernen, das Fruchtfleisch mit einem Löffel aus der Schale lösen und würfeln. Mango-, Avocado- und Schalottenwürfel in einer Schale mit dem übrigen Zitronensaft und 2 EL Olivenöl mischen. Mit Salz und Pfeffer würzen.

Kalmartuben mit Salz, Pfeffer und Knoblauch marinieren. 2 EL Olivenöl in einer Pfanne erhitzen, Kalmare nebeneinander einlegen und von beiden Seiten kräftig anbraten, anschließend von der Hitze nehmen und in Ringe schneiden.

Essig, 1 EL Wasser und 2 EL Olivenöl verquirlen, mit Salz und Pfeffer würzen. Dressing vorsichtig unter den Rucola heben.

Gebratene Kalmare mit dem Rucolasalat anrichten. Avocado-Mango-Tatar mithilfe eines Servierrings portionieren, mit der Cocktailsauce beträufeln und servieren.

Tomate, Mango, Avocado, Schalotte, Knoblauch, Pfeffer

---

1 Ei
125 ml Sonnenblumenöl
2 EL Zitronensaft
½ TL scharfer Senf
1 Spritzer Tabasco
½ TL Worcestershiresauce
½ TL Tomatenmark
1 EL Tomatenketchup
1 Mango
1 reife Avocado
1 Schalotte, fein gewürfelt
6 EL Olivenöl
400 g Kalmartuben, geputzt
1 Knoblauchzehe, fein gehackt
½ EL Rotweinessig
1 Handvoll Rucola
Meersalz
frisch gemahlener
schwarzer Pfeffer

Pasta mit Wodka und Kaviar

2 Personen, 25 Minuten

Sahne und Gemüsefond in einem Topf aufkochen und 5 Minuten bei mittlerer Hitze einkochen lassen. Crème fraîche und Wodka einrühren, mit Meersalz und Cayennepfeffer abschmecken. Warm halten.

Spaghetti nach Packungsanleitung in reichlich Salzwasser kochen, anschließend abseihen und zur Sauce geben. Gut vermischen und nochmals abschmecken.

Die cremigen Wodkanudeln auf vorgewärmten Tellern anrichten, mit Schnittlauch und Cayennepfeffer bestreuen und mit Kaviar garnieren.

100 ml Sahne
100 ml Gemüsefond
2 EL Crème fraîche
2 EL Wodka
200 g Spaghetti
½ Bund Schnittlauch, in feine Röllchen geschnitten
50 g Forellenkaviar
Meersalz
Cayennepfeffer

Weizen, Kaviar, Cayennepfeffer

Immer bereit zu sein, ihr Herz herauszureißen, es auf die Zunge zu legen und zu zeigen, daß auch der restliche Körper für den Herrn zubereitet ist, das erwartet er von seiner Frau. Er sieht alles und hat ein Recht auf Einblick, denn scharf blüht sein Schwanz in seinem stachligen Beet, und es schwellen die Küsse an seinen Lippen. Doch zuerst muss er sich alles an-

sehen, damit er Appetit bekommt. Man ißt nämlich auch mit den Augen, und nichts bleibt verborgen außer den scheuen Augen der Toten der Himmel, den sie sich letztlich erhofft hatten. Daher will der Mann seiner Frau letztlich den Himmel auf Erden bereiten, und sie bereitet manchmal das Essen.

Elfriede Jelinek: Lust

Ananas-Kokos-Crumble

2 Personen, 45 Minuten

½ Ananas
2–3 EL brauner Zucker
(je nach Süße der Ananas)
1 Schuss Ananassaft oder Rum
80 g zimmerwarme Butter
plus Butter für die Form
180 g Mehl
20 g Haferflocken
50 g Kokosflocken
70 g Puderzucker

Backofen auf 180 °C Umluft vorheizen.

Ananas schälen, vom harten Strunk befreien und in mundgerechte Stücke schneiden. Ananasstücke in einer Schüssel mit braunem Zucker und Ananassaft bzw. Rum marinieren. Eine kleine Auflaufform mit Butter ausfetten. Ananas in der Form verteilen.

Butter, Mehl, Haferflocken, Kokosflocken und Puderzucker in eine Rührschüssel geben und mit dem Handrührgerät vermengen. Bei niedriger Stufe so lange rühren, bis Streusel entstehen. Streusel auf den Ananaswürfeln verteilen und den Crumble im Ofen ca. 30 Minuten backen.

Sollten die Streusel nach der Backzeit noch zu hell sein, Oberhitze oder Grillfunktion einschalten und den Crumble weitere 5 Minuten bräunen. Dabei nicht aus den Augen lassen, damit er nicht verbrennt.

Ananas, Weizen

Tipp: Der Crumble schmeckt mit einer Kugel Vanilleeis besonders gut.

Kalter Gewürz-Milchreis

2 Personen, 60 Minuten ohne Kühlzeit

Milchreis in einem Sieb waschen und abtropfen lassen. Milch mit Vanillezucker und 1 Prise Salz in einem Topf verrühren und den Reis einrieseln lassen. Auf kleinster Flamme langsam aufkochen. Etwa 40 Minuten köcheln lassen, bis der Reis weich, aber noch bissfest ist.

Eier trennen und das Eiweiß mit 1 Prise Salz zu Eischnee schlagen. Gelatine nach Packungsangabe auflösen.

Butter, Zucker, Mandeln, Gelatine und Eigelb unter den Reis rühren. Eischnee vorsichtig unterheben und die Masse in kleine Gläser füllen. Mindestens 4 Stunden, besser über Nacht, kalt stellen.

Vor dem Servieren Milchreis mit der Gewürzmischung bestäuben.

80 g Milchreis
300 ml Milch
1 Packung Vanillezucker guter Qualität
2 Eier
1 Packung gemahlene weiße Gelatine
25 g Butter
25 g Zucker
40 g weiße Mandeln, gehackt
Gewürzmischung aus je ½ TL Zimt-, Muskatnuss-, Kardamom- und Kakaopulver
Meersalz

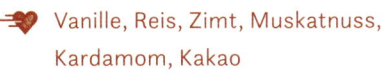 Vanille, Reis, Zimt, Muskatnuss, Kardamom, Kakao

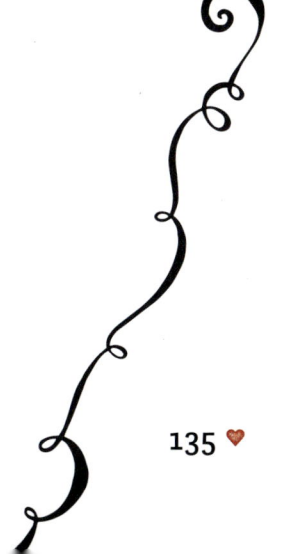

Unter dem Tisch drängte sich ihr Knie gegen seins – nur kurz aber so nachdrücklich, dass es kein Versehen sein konnte. Wer etwas von Geheimnissen der Kochkunst begriffen hatte, konnte zum Beispiel mit Hilfe

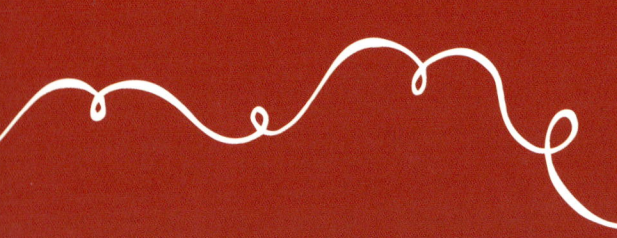

einer Sauce Botschaften in ihren Organismus einschleusen, gegen die sie machtlos war. Wahrscheinlich drangen sie gar nicht bis in ihr Bewusstsein vor, sondern übernahmen die Herrschaft über ihr Gefühlsleben ähnlich einem Liebeszaubertrank früherer Epochen.

Christoph Peters: Mitsukos Restaurant

Schokotartelettes mit kandiertem Ingwer

2 Personen, 60 Minuten ohne Kühlzeit

♥

300 g Mehl plus
Mehl für die Formen
und die Arbeitsfläche
200 g kalte Butter plus
Butter für die Formen
100 g Puderzucker
1 Prise Salz
1 Ei
Reis oder getrocknete
Hülsenfrüchte zum Blindbacken
100 g dunkle Schokolade
100 g Sahne
30 g kandierter Ingwer,
gehackt

Mehl, Butter, Puderzucker, Salz und Ei in die Schüssel einer Küchenmaschine geben und auf kleiner Stufe mit dem Flachrührer vermischen. Alternativ den Teig von Hand kneten. Fertigen Mürbeteig zu einer Kugel formen und in Frischhaltefolie gewickelt für 1 Stunde im Kühlschrank ruhen lassen.

Backofen auf 180 °C Umluft vorheizen.

2–4 Tarteletteformen (ca. 10 cm Ø) mit Butter ausstreichen und mit Mehl ausstreuen. Mürbeteig auf einer bemehlten Arbeitsfläche ca. ½ cm dick ausrollen, in die Formen legen und mit einer Gabel einstechen. Backpapier in der Größe der Tarteletteformen zuschneiden und auf den Teig legen. Reis bzw. Hülsenfrüchte darauf verteilen und ca. 20 Minuten backen, bis die Teigböden goldbraun sind. Anschließend aus dem Ofen nehmen und vollständig auskühlen lassen.

Für die Füllung Schokolade in kleine Stücke hacken und in eine Schüssel geben. Sahne aufkochen und über die Schokolade gießen. Mischung 10 Minuten stehen lassen, anschließend mit einem Schneebesen verrühren, bis eine schöne, glänzende Ganache entsteht.

Ganache bei Bedarf über einem heißen Wasserbad vorsichtig erneut erwärmen und langsam auf die ausgekühlten Teigböden gießen. Schokotartelettes für 30 Minuten in den Kühlschrank stellen.

Tartelettes mit kandiertem Ingwer garnieren und servieren.

♥ Weizen, Schokolade, Ingwer

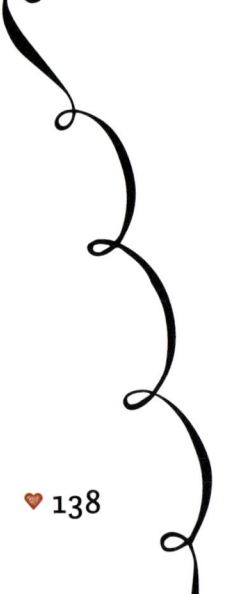

Tipp: Aus übrig gebliebenem Teig können kleine Kekse ausgestochen und in 15 Minuten goldbraun gebacken werden.

Granatapfel-Tiramisu

2 Personen, 20 Minuten ohne Kühlzeit

100 ml Sahne
250 g Mascarpone
30 g Puderzucker
Mark von ¼ Vanilleschote
5–6 EL Granatapfelkerne
150 ml Granatapfelsaft
100 g Gelierzucker (2:1)
etwas Zitronensaft
10 Löffelbiskuits
50 ml Milch

Sahne steif schlagen. Mascarpone mit Puderzucker und Vanillemark cremig rühren. Geschlagene Sahne unter die Mascarponemasse heben.

1 EL Granatapfelkerne für die Garnitur zur Seite legen. Übrige Kerne und Granatapfelsaft in einem Topf erwärmen und mit Gelierzucker und etwas Zitronensaft eindicken (Packungsangabe beachten).

Löffelbiskuits in Milch wenden und in kleine Stücke brechen.

Einige Kekse auf den Boden von Weckgläsern (ca. 160 ml Füllmenge) legen. Mascarpone-Sahne-Mischung in einen Spritzsack mit Lochtülle füllen und auf die Löffelbiskuits spritzen. Eine Schicht eingedickte Granatapfelkerne darauf verteilen. Gläser bis zum Rand abwechselnd mit Löffelbiskuits, Mascarpone und Granatapfelkernen füllen.

Tiramisu für 30 Minuten in den Kühlschrank stellen. Anschließend mit frischen Granatapfelkernen garnieren und servieren.

Granatapfel, Weizen, Vanille

Ihre Lippen waren so, als wäre sie eben aus dem Wasser des Sees gestiegen, kühl und klar. Die Luft war berauschend voll von Aromen. Ihre Haut schmeckte nach Safran und Vanille und Bittermandel und salzig süß, und August begann, in dem Meer aus Duft zu ertrinken, und sie liebten sich, wie sie geschwommen waren, atemlos und voller Kraft. […] August beugte sich über sie, küsste ganz leicht ihre Hüfte und

wusste für Zeit und Ewigkeit, dass er diesen Geschmack von Safran und Elena und Vanille und Elena und Bittermandel und Elena nie wieder vergessen würde und dass die Welt nicht mehr dieselbe war wie gestern noch.

Peter Arenz: Der Duft von Schokolade

Brownieküchlein mit Vanillecreme und karamellisierten Nüssen

2 Personen, 60 Minuten

Backofen auf 180 °C Umluft vorheizen. 2–4 Förmchen (ca. 7 cm Ø) mit Backpapier auslegen.

Für den Teig Schokolade und Butter über einem Wasserbad schmelzen, anschließend vom Herd nehmen. Eier mit Zucker ca. 8 Minuten sehr hell aufschlagen. Abgekühlte Schokoladen-Butter-Mischung dazugeben und langsam weiterschlagen.

Mehl sieben und mit Salz, Kakao- und Backpulver mischen. Abwechselnd mit saurer Sahne unter die Schokoladenmischung rühren, bis eine homogene Masse entsteht.

Teig ca. ²/₃ hoch in die Förmchen füllen und 15–20 Minuten backen (Stäbchenprobe). Anschließend aus dem Ofen nehmen und auskühlen lassen.

Zucker in einer Pfanne goldbraun karamellisieren. Haselnüsse untermischen und das heiße Nuss-Karamell auf ein Blech gießen. Vollständig auskühlen lassen, anschließend grob hacken.

Für die Creme Mascarpone mit Vanillemark und Puderzucker verrühren. Nicht zu lange mixen, sonst wird die Vanillecreme zu flüssig. Anschließend in einen Spritzsack füllen.

Karamellsauce über einem heißen Wasserbad erwärmen. Küchlein aus der Form lösen. Vanillecreme auf die Brownieküchlein spritzen und mit Karamellsauce und karamellisierten Nüssen garnieren.

 Vanille, Schokolade, Weizen

Teig

100 g dunkle Schokolade

125 g Butter

2 Eier

75 g Zucker

75 g Mehl

1 Prise Salz

50 g ungesüßtes Kakaopulver

1 TL Backpulver

125 g saure Sahne

Karamellisierte Nüsse

150 g Zucker

1 Handvoll Haselnüsse

Vanillecreme

200 g Mascarpone

Mark einer halben Vanilleschote

60 g Puderzucker

3–4 EL gute Karamellsauce

Mandelpudding mit Amarettosauce

2 Personen, 45 Minuten ohne Kühlzeit

In einem Topf Milch, Mandelmus, Vanillemark und Zucker unter ständigem Rühren langsam zum Kochen bringen. Nach einmaligem Aufwallen Topf vom Herd nehmen und die Mandelmilch lauwarm abkühlen lassen.

Mandelmilch durch ein feines Sieb seihen. Es sollten ca. 200 ml Flüssigkeit übrig bleiben.

Gelatine in kaltem Wasser einweichen. Mandelmilch in einem sauberen Topf erneut zum Kochen bringen und die eingeweichten Gelatineblätter darin auflösen. Mandelessenz einrühren. Flüssigkeit durch ein Sieb in eine Rührschüssel gießen und lauwarm abkühlen lassen.

Sahne steif schlagen, unter die Mandelmilch heben und die Masse in Puddingförmchen füllen. Im Kühlschrank 4–6 Stunden, besser über Nacht, kaltstellen.

Für die Amarettosauce Zucker in einem Topf bei mäßiger Hitze schmelzen und zum Schäumen bringen. Mit heißem Wasser ablöschen und die Flüssigkeit sirupartig einkochen lassen. Anschließend Amaretto einrühren.

Einen Teil der Amarettini zerbröseln. Mandelpudding mit einem Messer vorsichtig aus den Förmchen lösen und auf Teller stürzen. Amarettosauce über den Pudding gießen und mit Amarettini garnieren.

 Vanille

Mandelpudding
250 ml Milch
3 EL Mandelmus
Mark einer Vanilleschote
2 EL Zucker
3 Blatt Gelatine
2–3 Tropfen Mandelessenz
100 ml Sahne
Amarettini zum Garnieren

Amarettosauce
40 g Zucker
100 ml heißes Wasser
2–4 EL Amaretto

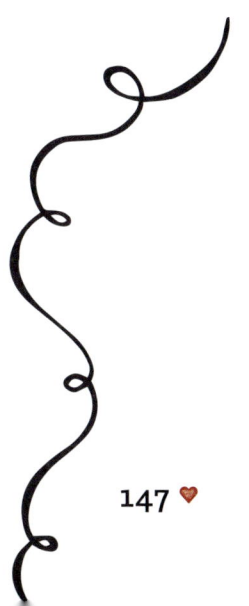

Das sind keine Kartoffeln, das sind Küsse. Und was für Küsse! Ganz wie deine Küsse. Und deine Küsse sind die köstlichsten, die ich je gekostet habe. Ach Damoklis, wie du mich verwöhnst! Jetzt wünsche ich mir einzig und alleine und mit Nachdruck, dass deine Küsse noch ein wenig köstlicher wären als diese göttlichen Kartoffeln, noch ein wenig köstlicher als deine bisherigen Küsse.

Andreas Staikos: Kulinarische Liebschaften

Karotten-Zimt-Naked-Cake mit Frischkäsecreme

2 Personen, 60 Minuten

Teig
2 Eier
1 Prise Salz
100 g Zucker
½ TL Zimt
½ TL Rum
Schalenabrieb einer halben Bio-Zitrone
100 g gemahlene Haselnüsse oder Mandeln
130 g Karotten
50 g Mehl
½ TL Backpulver

Creme
100 g Frischkäse
250 g Quark (Vollfett)
30 g Puderzucker
Saft und Schalenabrieb einer halben Bio-Zitrone

Backofen auf 175 °C Umluft vorheizen. Ein tiefes Backblech mit Backpapier auslegen.

Eier trennen. Eiweiß mit Salz zu cremigem Eischnee schlagen und beiseite stellen. Eigelb mit Zucker, Zimt, Rum und Zitronenschale schaumig rühren. Nüsse bzw. Mandeln unterheben.

Karotten schälen, fein reiben und unter die Eigelb-Zucker-Mischung heben.

Mehl und Backpulver sieben. Abwechselnd mit dem Eischnee unter die Karottenmasse heben. Teig auf das Backblech streichen und 15–20 Minuten backen (Stäbchenprobe). Anschließend aus dem Ofen nehmen und vollständig auskühlen lassen.

Aus dem Karotten-Zimt-Kuchen 8 Teigkreise von je ca. 8 cm Ø ausstechen.

Frischkäse, Quark, Puderzucker, Zitronensaft und -schale in einer Schüssel verrühren. Nicht zu lange mixen, sonst wird die Creme zu flüssig. In einen Spritzsack mit glatter Tülle füllen.

2 Kuchenböden mit kleinen Cremetupfen bedecken. Die nächsten Kuchenböden gerade daraufsetzen. Weiter abwechselnd aufschichten, bis jedes Törtchen aus vier Stöcken besteht. Mit kleinen Cremetupfen dekorieren.

Karotte, Weizen, Zimt

Tipp: Die beiden übrigen Küchlein können kaltgestellt und am nächsten Tag zum Frühstück genossen werden.

Mohnpudding mit Zwetschgenkompott

2 Personen, 90 Minuten

Für den Pudding Weißbrot fein würfeln, mit Milch übergießen und 15 Minuten quellen lassen. Backofen auf 180 °C Ober-/Unterhitze vorheizen.

Butter, Vanillezucker, Nelken und Orangenabrieb 5 Minuten cremig rühren. Eier trennen. Eigelb nacheinander zur Buttermasse geben. Brot, Mohn und Orangensaft unterrühren. Eiweiß mit Salz steif schlagen. Die Hälfte des Zuckers einrieseln lassen und zu festem Schnee schlagen. $1/3$ des Eischnees unter die Puddingmasse rühren, den Rest vorsichtig unterheben.

4 verschließbare ofenfeste Gläser (ca. 175 ml Füllmenge) mit Butter einfetten und mit dem übrigen Zucker ausstreuen. Puddingmasse in die Gläser füllen, Gläser verschließen und in eine Auflaufform stellen. Kochendes Wasser angießen, bis die Gläser zu $2/3$ im Wasser stehen. Im Backofen auf der untersten Schiene 30 Minuten garen.

Rotwein, Johannisbeernektar, Zucker, Nelken, Zimt und Ingwer in einem Topf aufkochen. Offen bei starker Hitze 5 Minuten kochen lassen. Stärke in etwas kaltem Wasser glatt rühren, in die kochende Flüssigkeit geben und unter Rühren erneut aufkochen. Zwetschgen halbieren und entsteinen. In den Topf geben und bei mittlerer Hitze 5 Minuten garen. Kompott abkühlen lassen, anschließend Nelken und Zimt entfernen.

Pudding aus dem Wasserbad heben und kurz auskühlen lassen. Öffnen und vorsichtig stürzen. Mit Puderzucker bestäuben und mit Kompott servieren.

 Vanille, Mohn, Ingwer, Wein, Zimt, Weizen

Mohnpudding
80 g Weißbrot vom Vortag
75 ml Milch
30 g weiche Butter plus Butter für die Form
1 EL Vanillezucker
½ TL gemahlene Nelken
Schalenabrieb einer Bio-Orange
2 Eier
30 g gemahlener Mohn
2 EL Orangensaft
1 Prise Meersalz
35 g Zucker
Puderzucker zum Bestäuben

Zwetschgenkompott
75 ml Rotwein
75 ml schwarzer Johannisbeernektar
60 g Zucker
2 Nelken
1 Zimtstange
2 cm frischer Ingwer, fein gewürfelt
1 EL Speisestärke
300 g Zwetschgen

Menü

„Zum Jahrestag",
„Candlelight Dinner" oder
„Das erste Date"

♥♥

*Champagnergelee
mit Erdbeeren*

♥

*Gratinierter Spargel
mit Ziegenkäse*

♥

*Rinderrouladen mit Chili,
Basilikum und Mangopolenta*

♥

*Schokotartelettes
mit kandiertem Ingwer*

**„Einfach zu Zweit" oder
„Gemütliche Zweisamkeit"**

♥♥

*Basilikum-Cocktail
mit zweierlei Crostini*

♥

*Linguine mit Artischocken und
Räucherlachsstreifen*

♥

Ananas-Kokos-Crumble

Menü

„Zum Valentinstag"

♥♥

*Mango-Kardamom-Bellini
mit Speckpflaumen*

♥

*Champagnersuppe
mit Safran*

♥

*Avocadorisotto
mit gegrillten Riesengarnelen*

♥

*Brownieküchlein mit Vanillecreme
und karamellisierten Nüssen*

Verzeichnis

Ananas
Ananas-Kokos-Crumble ... 132

Selleriesalat mit Ananas und Honig-Senf-Sauce ... 85

Artischocke
Linguine mit Artischocken und Räucherlachsstreifen ... 123

Avocado
Avocadorisotto mit gegrillten Riesengarnelen ... 110

Gebratene Kalmartuben mit Avocado-Mango-Tatar ... 127

Basilikum
Aperitif mit Granatapfel und Garnelen ... 73

Basilikum-Cocktail mit zweierlei Crostini ... 68

Rinderrouladen mit Chili, Basilikum und Mangopolenta ... 117

Champagner
Champagnergelee mit Erdbeeren ... 67

Champagnersuppe mit Safran ... 102

Chili
Chilihuhn auf gedünstetem Fenchel ... 108

Feigen auf Auberginen-Limetten-Püree ... 86

Mango-Kardamom-Bellini mit Speckpflaumen ... 75

Pasta mit Wodka und Kaviar ... 129

Rinderrouladen mit Chili, Basilikum und Mangopolenta ... 117

Scharfe Tomatensuppe mit Melone und Papaya ... 98

Erdbeere
Champagnergelee mit Erdbeeren ... 67

Feige
Feigen auf Auberginen-Limetten-Püree ... 86

Fenchel
Chilihuhn auf gedünstetem Fenchel ... 108

Gratinierter Spargel mit Ziegenkäse ... 91

Fisch
Basilikum-Cocktail mit zweierlei Crostini ... 68

Gebratener Lachs mit Safran-Mandel-Reis ... 120

Linguine mit Artischocken und Räucherlachsstreifen ... 123

Geflügel
Chilihuhn auf gedünstetem Fenchel ... 108

Granatapfel
Aperitif mit Granatapfel und Garnelen ... 73

Gegrillte Zucchini mit Feta und Granatapfel-Vinaigrette ... 79

Granatapfel-Tiramisu ... 140

Honig
Basilikum-Cocktail mit zweierlei Crostini ... 68

Chilihuhn auf gedünstetem Fenchel ... 108

Feigen auf Auberginen-Limetten-Püree ... 86

Selleriesalat mit Ananas und Honig-Senf-Sauce ... 85

Ingwer
Champagnersuppe mit Safran ... 102

Kokos-Ingwer-Suppe mit Jakobsmuscheln ... 105

Kürbis-Crème-brûlée mit knusprigen Jakobsmuscheln ... *93*

Mohnpudding mit Zwetschgenkompott ... *153*

Rinderrouladen mit Chili, Basilikum und Mangopolenta ... *117*

Schokotartelettes mit kandiertem Ingwer ... *138*

Kardamom

Gebratener Lachs mit Safran-Mandel-Reis ... *120*

Kalter Gewürz-Milchreis ... *135*

Mango-Kardamom-Bellini mit Speckpflaumen ... *75*

Karotte

Champagnersuppe mit Safran ... *102*

Karotten-Zimt-Naked-Cake mit Frischkäsecreme ... *150*

Kartoffel

Champagnersuppe mit Safran ... *102*

Kartoffelnest mit Wachtelei ... *80*

Kaviar

Pasta mit Wodka und Kaviar ... *129*

Knoblauch

Avocadorisotto mit gegrillten Riesengarnelen ... *110*

Basilikum-Cocktail mit zweierlei Crostini ... *68*

Feigen auf Auberginen-Limetten-Püree ... *86*

Gebratene Kalmartuben mit Avocado-Mango-Tatar ... *127*

Miesmuscheln im Chorizo-Sud ... *114*

Rinderrouladen mit Chili, Basilikum und Mangopolenta ... *117*

Koriander

Gegrillte Zucchini mit Feta und Granatapfel-Vinaigrette ... *79*

Kokos-Ingwer-Suppe mit Jakobsmuscheln ... *105*

Miesmuscheln im Chorizo-Sud ... *114*

Kürbis

Kürbis-Crème-brûlée mit knusprigen Jakobsmuscheln ... *93*

Mango

Gebratene Kalmartuben mit Avocado-Mango-Tatar ... *127*

Mango-Kardamom-Bellini mit Speckpflaumen ... *75*

Rinderrouladen mit Chili, Basilikum und Mangopolenta ... *117*

Melone

Aperitif mit Granatapfel und Garnelen ... *73*

Scharfe Tomatensuppe mit Melone und Papaya ... *98*

Minze

Champagnergelee mit Erdbeeren ... *67*

Feigen auf Auberginen-Limetten-Püree ... *86*

Gebratener Lachs mit Safran-Mandel-Reis ... *120*

Kokos-Ingwer-Suppe mit Jakobsmuscheln ... *105*

Mohn

Mohnpudding mit Zwetschgenkompott ... *153*

Muscheln

Kokos-Ingwer-Suppe mit Jakobsmuscheln ... *105*

Kürbis-Crème-brûlée mit knusprigen Jakobsmuscheln ... 93

Miesmuscheln im Chorizo-Sud ... 114

Muskatnuss

Grüne Petersilienwurzelsuppe mit Mandelblättchen ... 97

Kalter Gewürz-Milchreis ... 135

Kartoffelnest mit Wachtelei ... 80

Kürbis-Crème-brûlée mit knusprigen Jakobsmuscheln ... 93

Petersilie

Grüne Petersilienwurzelsuppe mit Mandelblättchen ... 97

Kürbis-Crème-brûlée mit knusprigen Jakobsmuscheln ... 93

Miesmuscheln im Chorizo-Sud ... 114

Pfeffer

Aperitif mit Granatapfel und Garnelen ... 73

Avocadorisotto mit gegrillten Riesengarnelen ... 110

Basilikum-Cocktail mit zweierlei Crostini ... 68

Champagnersuppe mit Safran ... 102

Chilihuhn auf gedünstetem Fenchel ... 108

Gebratene Kalmartuben mit Avocado-Mango-Tatar ... 127

Gebratener Lachs mit Safran-Mandel-Reis ... 120

Gegrillte Zucchini mit Feta und Granatapfel-Vinaigrette ... 79

Gratinierter Spargel mit Ziegenkäse ... 91

Grüne Petersilienwurzelsuppe mit Mandelblättchen ... 97

Kartoffelnest mit Wachtelei ... 80

Kürbis-Crème-brûlée mit knusprigen Jakobsmuscheln ... 93

Linguine mit Artischocken und Räucherlachsstreifen ... 123

Mango-Kardamom-Bellini mit Speckpflaumen ... 75

Rinderrouladen mit Chili, Basilikum und Mangopolenta ... 117

Scharfe Tomatensuppe mit Melone und Papaya ... 98

Selleriesalat mit Ananas und Honig-Senf-Sauce ... 85

Reis

Avocadorisotto mit gegrillten Riesengarnelen ... 110

Gebratener Lachs mit Safran-Mandel-Reis ... 120

Kalter Gewürz-Milchreis ... 135

Rosmarin

Basilikum-Cocktail mit zweierlei Crostini ... 68

Safran

Champagnersuppe mit Safran ... 102

Gebratener Lachs mit Safran-Mandel-Reis ... 120

Schokolade/Kakao

Brownieküchlein mit Vanillecreme und karamellisierten Nüssen ... 145

Kalter Gewürz-Milchreis ... 135

Schokotartelettes mit kandiertem Ingwer ... 138

Sellerie

Selleriesalat mit Ananas und Honig-Senf-Sauce ... 85

Spargel
Gratinierter Spargel mit
Ziegenkäse ... *91*

Tomate
Gebratene Kalmartuben mit
Avocado-Mango-Tatar ... *127*

Scharfe Tomatensuppe mit
Melone und Papaya ... *98*

Vanille
Brownieküchlein mit Vanillecreme
und karamellisierten Nüssen ... *145*

Granatapfel-Tiramisu ... *140*

Kalter Gewürz-Milchreis ... *135*

Mandelpudding mit
Amarettosauce ... *147*

Mohnpudding mit
Zwetschgenkompott ... *153*

Wein
Avocadorisotto mit gegrillten
Riesengarnelen ... *110*

Grüne Petersilienwurzelsuppe mit
Mandelblättchen ... *97*

Mohnpudding mit
Zwetschgenkompott ... *153*

Weizen
Ananas-Kokos-Crumble ... *132*

Basilikum-Cocktail mit zweierlei
Crostini ... *68*

Brownieküchlein mit Vanillecreme
und karamellisierten Nüssen ... *145*

Granatapfel-Tiramisu ... *140*

Gratinierter Spargel mit
Ziegenkäse ... *91*

Karotten-Zimt-Naked-Cake mit
Frischkäsecreme ... *150*

Kürbis-Crème-brûlée mit
knusprigen Jakobsmuscheln ... *93*

Linguine mit Artischocken und
Räucherlachsstreifen ... *123*

Mango-Kardamom-Bellini mit
Speckpflaumen ... *75*

Miesmuscheln im Chorizo-Sud ... *114*

Mohnpudding mit
Zwetschgenkompott ... *153*

Pasta mit Wodka und Kaviar ... *129*

Schokotartelettes mit
kandiertem Ingwer ... *138*

Zimt
Kalter Gewürz-Milchreis ... *135*

Karotten-Zimt-Naked-Cake mit
Frischkäsecreme ... *150*

Mohnpudding mit
Zwetschgenkompott ... *153*

Zwiebel
Avocadorisotto mit
gegrillten Riesengarnelen ... *110*

Champagnersuppe mit Safran ... *102*

Feigen auf Auberginen-
Limetten-Püree ... *86*

Gebratene Kalmartuben mit
Avocado-Mango-Tatar ... *127*

Gegrillte Zucchini mit Feta und
Granatapfel-Vinaigrette ... *79*

Grüne Petersilienwurzelsuppe mit
Mandelblättchen ... *97*

Kartoffelnest mit Wachtelei ... *80*

Miesmuscheln im Chorizo-Sud ... *114*

Scharfe Tomatensuppe mit
Melone und Papaya ... *98*

Warenkunde + Küchenpraxis

Amarettini
sind kleine italienische Makronen aus Eischnee, Zucker und gemahlenen Mandeln.

Amaretto
ist ein italienischer Mandellikör. Der süße Geschmack des bernsteinfarbenen Likörs erinnert stark an Marzipan. Er hat eine leicht bittere Note und ein Vanille-Karamell-Aroma.

Blindbacken
ist eine Methode, bei der ein Teigboden ohne Füllung oder Belag vorgebacken wird. Dies verhindert, dass der Teig durchweicht oder aus der Form gerät. Je nach Rezept wird der Boden mit der Füllung erneut gebacken oder bleibt in der Form zum Auskühlen und wird anschließend kalt gefüllt.

Chorizo picante
ist eine mit Pfeffer, Paprika und Chili gewürzte pikante spanische Wurst aus Schweinefleisch.

Chutney
ist eine würzige, teils süßsaure, mitunter auch scharf-pikante Sauce der indischen Küche.

Crème fraîche
ist fermentierter Rahm mit einem Fettgehalt von mindestens 35 Prozent und einem mild-säuerlichen Geschmack.

Currypaste (grün oder rot)
ist küchenfertig in Asialäden und Supermärkten erhältlich. Es empfiehlt sich, ein hochwertiges Produkt zu kaufen, da es bei Qualität und Geschmack große Unterschiede gibt. Achtung: Einige Pasten können sehr scharf sein.

Eier
sind umso besser, je frischer sie sind. Sofern nicht anders angegeben, werden Hühnereier der Gewichtsklasse M verwendet.

Fischsauce
wird auch als das Salz Südostasiens bezeichnet und ist eine Würzsauce, die aus gesalzenem, fermentiertem Fisch gewonnen wird.

Gelatine
ist ein Verdickungsmittel und wird aus tierischem Collagen hergestellt. Es gibt sie als Pulver oder in Form von Blättern. Letztere müssen vor der Verwendung in kaltem Wasser eingeweicht werden.

Gewürze
geben einem Gericht Charakter. Wenn möglich, immer ganze Gewürze kaufen und bei Bedarf frisch im Mörser mahlen. So halten sie länger und schmecken noch aromatischer und intensiver.

Granatapfelsirup
ist eingekochter, konzentrierter Saft von Granatäpfeln mit süßlich-herbem Aroma. Es gibt ihn in gut sortierten Supermärkten oder orientalischen Lebensmittelgeschäften und kann auch leicht selbst hergestellt werden: Dazu einfach Granatapfelsaft mit etwas Zucker und Zitronensaft sirupartig einkochen lassen.

Griechischer Joghurt
hat eine besonders cremige Konsistenz und unterscheidet sich so von herkömmlichem Joghurt, der meist flüssig oder fest ist. Zudem hat er einen angenehmen intensiven Geschmack.

Kaffirlimettenblätter
werden als Gewürz mitgekocht und geben asiatischem Essen einen pikanten, zitronenartigen Geschmack. Limettenblätter werden wie Lorbeerblätter verwendet und nicht mitgegessen. Sie sind frisch oder getrocknet in Asialäden erhältlich. Die frischen Blätter erhalten mehr Aroma; sie lassen sich auch einfrieren.

Kapern
sind kleine, grüne Blütenknospen des Kapernstrauches. Sie sind eingelegt in Lake oder Salz erhältlich. Vor dem Weiterverarbeiten abspülen, abtropfen lassen und trocken tupfen.

Kandierter Ingwer
ist frischer Ingwer, der entweder in Zucker oder in Zuckersirup eingelegt ist und meist als Backzutat verwendet wird.

Kräuter
bringen Geschmack, Farbe und Frische in ein Gericht. Zur längeren Haltbarkeit frische Zweige zunächst in feuchtes Küchenpapier, anschließend in Frischhaltefolie einwickeln. Getrocknete Kräuter schmecken oft intensiver, daher die Dosierung unbedingt anpassen.

Kürbiskernöl
ist ein aus den gerösteten Samen von Kürbissen hergestelltes Pflanzenöl.

Messer
sollten scharf sein und gut in der Hand liegen. Ein großes und ein kleines Messer reichen für die Zubereitung der meisten Gerichte.

Sesamöl
wird aus den Samen des Sesams gewonnen. Helles Sesamöl aus ungerösteten Samen schmeckt sehr mild bis fast neutral; das dunkle Öl aus gerösteten Samen dagegen hat ein intensives und würziges Sesamaroma. Insgesamt schmecken kaltgepresste Sesamöle etwas kräftiger als raffinierte Sorten.

Sherry
ist eine Sammelbezeichnung für spanische alkoholverstärkte Likörweine. Der Sherry stammt aus Andalusien; sein Name leitet sich von dem alten arabischen Namen der heutigen Stadt Jerez ab, die früher Xérès hieß.

Stäbchenprobe
ist eine Methode, um festzustellen, ob ein Teig durchgebacken bzw. eine Speise durchgegart ist. Mit einem Holz- oder Metallstäbchen in den Teig stechen – wenn er in klebrigen Bröseln am Stäbchen haften bleibt, ist er noch nicht fertig gebacken. Bleibt jedoch keine Brösel mehr haften, ist der Teig fertig gebacken.

Sushi-Essig
oder Reisessig wird aus fermentiertem Reis hergestellt und ist ein milder, süßlicher Essig.

Tonic Water
ist ein chininhaltiges, farbloses, mit Kohlensäure versetztes Erfrischungsgetränk und zählt zu den Bitterlimonaden.

Variation
ist in der Küche durchaus erlaubt. Zutaten können je nach Verfügbarkeit und Geschmack durch ähnliche Produkte ersetzt werden.

Waschen
von Obst, Gemüse, Kräutern etc. ist wichtig, um Schmutzreste und andere Rückstände zu entfernen. Zutaten nach dem Waschen mit Küchenpapier trocken tupfen oder schleudern und bei Bedarf putzen. Gemüseabschnitte und -schalen können gesammelt und zu einem Fond ausgekocht werden.

Wermut
ist ein aromatisierter Wein. Durch Infusion von ausgewählten Zutaten (botanicals) werden der Geschmack und die Farbe des Ausgangsweines modifiziert. Seinen Namen verdankt er dem Wermutkraut – eine Zutat, die in den Anfangstagen des Getränkes häufig, im Anschluss aber seltener hinzugegeben wurde. Unterschieden wird zwischen dem „Dry White" oder auch „French Vermouth", einem trockenen Vertreter, häufig verwendet in trockenen Cocktails wie dem Martini, und dem „Italian Vermouth", der süßeren, roten Variante, die z. B. im Manhattan eingesetzt wird.

Worcestershiresauce
ist eine englische Würzsauce aus dem Ort Worcester in der Grafschaft Worcestershire. Zu den Zutaten gehören Essig, Soja, Wein, Melasse, Anchovis, Ingwer, Chilis, Pfefferschoten, Knoblauch, Tamarinde und Schalotten.

Zitronengras
wird vor allem in der thailändischen Küche verwendet. Der dicke, grasartige Stängel hat ein intensives Zitronenaroma. Die harten äußeren Hüllenblätter werden meist entfernt und das Innere fein geschnitten. Alternativ werden in manchen Gerichten größere, leicht angedrückte Stücke mitgekocht und vor dem Servieren entfernt.

Zitrusfrüchte
immer unbehandelt verwenden, wenn die Schale ebenfalls verzehrt wird.

Literaturverzeichnis

Isabelle Allende: Aphrodite – Eine Feier der Sinne.
 Suhrkamp Taschenbuch Verlag, Frankfurt am Main 1999

Peter Arenz: Der Duft von Schokolade.
 DTV Taschenbuchverlag, München 2009

Aristoteles: Nikomachische Ethik. Zitiert nach: Foucault,
Michel: Der Gebrauch der Lüste – Sexualität und Wahrheit 2.
 Suhrkamp Taschenbuch Wissenschaft, Frankfurt am Main 1989

Jean-Anthelme Brillat-Savrain: Physiologie des Geschmacks oder
die Betrachtungen über das höhere Tafelvergnügen.
 Insel Verlag, Frankfurt am Main 1979

Giacomo Casanova: Geschichte meines Lebens. Band 2.
 Aufbau Taschenbuchverlag GmbH, Berlin 1998

Anna Dünnebier, Gert von Paczensky (Hg.):
Kulturgeschichte des Essens und Trinkens.
 Orbis Verlag. München 1999

Das Lied Salomos in der Übersetzung von Johann Wolfgang von Goethe (1775)
 www.deutsche-liebeslyrik.de/lied/h_l_goethe_1775.htm

Elfriede Jelinek: Lust.
 Rowohlt Taschenbuchverlag, Reinbek bei Hamburg 1992

Heinrich von Kleist: Penthesilea.
 Philipp jun. Reclam Verlag GmbH, Frankfurt am Main 2012

Hansjörg Küster: Kleine Kulturgeschichte der Gewürze –
Ein Lexikon von Anis bis Zimt.
 Verlag C.H.Beck, München 2003